序

小场地足球运动有着悠久的历史，在全世界范围内广泛开展。随着当前我国足球运动的不断发展及校园足球运动的大面积推广，我国的足球事业已经逐渐进入一个快速发展的时期。目前常见的小场地足球运动包含三人制、四人制、五人制、七人制等比赛形式，均有明确的规则。其中五人制足球运动已被国际足球联合会确定为正式比赛项目，并于2018年正式取代十一人制，成为夏季青少年奥林匹克运动会正式比赛项目。未来，小场地足球运动将有巨大的发展潜力和广阔的发展前景。

小场地足球以其场地要求低、易开展、场地利用率高、省时间、规则相对简化、易操作，以及有效比赛时间长、实效高等优势逐渐成为校园、民间足球运动竞赛的主流开展形式；同时以技战术完成准确度高、攻防转化节奏快、球员触球次数多等特点成为大场地足球运动技战术训练及校园足球教学训练中不可或缺的重要训练方式和教学形式。长期以来，国内虽然有一定数量的以五人制足球运动为主体内容的教材及其他书籍，但将三人制、四人制、五人制、七人制涵盖进来，把小场地足球运动作为一个整体足球群类进行梳理、叙述、研究的教材等书籍十分短缺，这也是编写本书的初衷。

本书内容共分6章，由王学谦担任主编，进行统稿并审定，编写人员均为全国高校学者及基层一线教学训练人员。本书对小场地足球运动的诞生和发展、技战术构成分析及应用、竞赛组织和编排、规则示例等内容进行了系统的归纳和梳理，既有具体的练习方法示例，又涵盖了教学训练原则、注意事项、练习建议等内容，对于教学训练具有较强的可操作性，对基层小场地足球运动的开展，以及校园足球训练与教学有明确的指向性。我们希望本书为基层教练员和一线体育教师，特别是非足球专业的教师提供具体化、可实施性强的理论及方法指导，使他们更有效地投入基层训练及校园足球运动教学中；同时引导读者关注小场地足球运动的发展、教学、训练等相关知识领域。

本书的编写得到了作者工作单位师生的大力支持，尤其感谢王佳荣、郝旭佳、王士博、张璇、袁鲁、马铭堃等同志的辛勤付出，他们为本书的动作示范、照片拍摄、图文编辑做了大量的工作。由于学术水平和研究能力有限，编写过程中难免存在不足之处，恳请相关领域专家及广大读者提出宝贵意见，以便我们不断完善。

目　录

第一章

绪论

第一节　小场地足球运动的起源与发展

小场地足球运动指场地大小、参与人数均低于十一人制场地、人数标准，且规则也不同于十一人制的足球运动。目前，开展得较为广泛的小场地足球运动有三人制、四人制、五人制、七人制，其中，五人制最有代表性。五人制足球的起源也被看作小场地足球运动的起源。

关于五人制足球的起源，有很多种说法，其中被广泛认可的一种说法是五人制足球起源于20世纪30年代的乌拉圭，是一个名叫胡安·卡洛斯·赛利亚尼的阿根廷足球教练发明的。在一次训练中，因为下雨，他将球员带到一个空旷的厂房中进行训练。由于厂房的面积有限，只能减少上场人数，室内足球由此诞生。五人制足球的英文名字futsal就是葡萄牙语futbol（足球）和西班牙语sala（室内）合并而成的。

1932年，罗杰·格瑞恩制定了第一部室内足球规则；1949年，首届五人制足球少儿锦标赛在巴西举办；1954年，首个五人制足球官方组织“五人制足球城市联盟”在里约热内卢成立；1958年，巴西体育联合会决定把五人制足球设为官方体育运动并推广；1971年，“国际室内足球联合会（FIFUSA）”成立；1982年，首届五人制足球世界锦标赛在巴西举办；1989年，国际足联正式接管国际室内足球联合会，由此，五人制足球运动正式被官方认可。

在五人制足球运动蓬勃发展的同时，人们根据场地情况、参与人数的不同，在五人制足球运动的基础上创造出三人制、四人制、七人制等多种形式。由于七人以上参与的足球运动在场地、规则上与十一人制差别不大，本书所指“小场地足球”仅包括三人制、四人制、五人制、七人制足球运动。

第二节　小场地足球运动的特点与优势

一、小场地足球运动的特点

（一）对技战术完成的准确度要求高

小场地足球运动场地较小，单位面积内人员密度大，球员与球员、队友与对手之间的距离更短。这就意味着球员用来处理球、做决策的时间和空间与大场地相比，大大缩小，往往一个失误就可能造成直接失分。这样的特点对球员的个人技术能力（如停球、传球、突破、射门）、战术执行的准确度、成功率提出了更高的要求。青少年时期是球员掌握技术动作的最佳时期，如过早让他们参加十一人制比赛，极易造成训练目标向体能方向转移，弱化了对控球能力的培养。在球员青少年时期以小场地足球作为训练手段和比赛形式，有助于培养他们良好的控球能力。因此，小场地足球常被作为基础训练手段，在青少年球员训练中广泛使用。

（二）攻守转换节奏快

同样因为场地空间小，小场地足球比赛通常更易采用人盯人的防守策略，队友之间的传切配合空间被大幅压缩，攻守双方常常处于近距离的拼抢状态，从而导致控球或配合失误率增加，球权交换频繁，攻守双方角色转换也更快速，比赛节奏加快。

（三）球员触球次数多

小场地足球运动中球员触球次数多的原因是小场地足球参与人数较少。在战术配合中，小场地足球接应球员的数量大大少于大场地足球。而且因为场地小，配合多采用地面短传完成，这使得球员只能通过高密度、多次数的传球配合来寻求得分机会，每名球员的触球次数明显增加。有研究表明，相同的时间内，小场地足球球员的触球次数是十一人制足球的四倍，甚至更高。

（四）单场比赛进球多

与十一人制比赛相比，小场地足球因为自身较快的攻守转换及较短的进攻距离，使得射门次数和进球数量都多于十一人制足球。以五人制世界杯比赛为例，平均每场比赛中每队的射门次数高达26次以上，场均进球数比十一人制足球比赛高出一倍以上，极大地提升了比赛的观赏性。

二、小场地足球运动的优势

（一）对场地要求不高，易开展

一方面，小场地足球运动需要的空间较小，因此在一些狭小空间、零散场地、不规则场地中都可开展。另一方面，小场地足球运动中，场上球员之间的距离更短，留给动作的加速距离相对缩短，许多需要助跑加速的技术动作不常出现。虽然小场地足球的身体接触机会多于大场地足球，但强度较大的技术动作和大力量对抗相对少，对抗后倒地的概率也相应降低。这使小场地足球运动对场地材质的要求相较于大场地足球运动有所降低，在沙土地、铺装硬地、地板、人造草地、天然草地上均可开展。

（二）场地利用率高，省时间

一方面，由于攻守转化速度极快，单位时间内球员的运动密度较高，小场地足球鲜有对换人的限制。另一方面，从单一场次的比赛来看，虽然小场地足球比赛的参赛人数低于十一人制，但小场地足球运动场地面积小，一块标准的足球场可以被划分为多个球场，可以为更多的队伍和球员提供上场比赛的机会。以四人制为例，一块标准的足球场可以被划分为6块四人制场地，按照两个小时内在每块四人制场地安排两场比赛，每队换4人计算，则可以满足192人的参与需求，人数远远多于十一人制。另外，由于小场地足球单场比赛时间短，它更适合多队伍、大面积、同时段开展。

（三）规则相对简化，易操作

目前，小场地足球运动除五人制外，三人制、四人制、七人制均无统一的竞赛规则。现行规则多由五人制和十一人制规则演化而来，虽然在规则统一上有一定难度，却同时具备了灵活多变的特点。在比赛的组织中，可根据场地条件、参赛人数、参赛人员情况做相应调整，使竞赛更符合办赛需求。以三人制为例，它取消了十一人制中的“越位”，以及五人制规则中的回传守门员限制，还可以根据参赛人员情况对铲球、对抗、换人、点球等规则条款进行调整，使竞赛组织更简单，规则执行更易操作。

（四）有效比赛时间长，实效高

有效比赛时间是衡量一场比赛水平高低的重要标准。一般所说的“单场足球比赛有效比赛时间”指除去球员受伤、球出界等比赛中断情况后的剩余比赛时间，即比赛双方实际控球时间的总和。

有数据显示，十一人制足球比赛的有效比赛时间占比赛总时长的50%—70%。2011年中超联赛240场90分钟比赛的场均实际有效时间仅为49分03秒，占比赛总时长的54.4%；2017年，这一数据提升至61.1%；代表世界足球顶级水平的欧洲冠军杯联赛，在比赛净时长这一数据上也仅为62分39秒，占比赛总时长的68.8%。而小场地足球比赛的有效比赛时间与比赛总时长的比例可以达到80.0%以上。特别是在四人制挡板足球中，因场地被板材围挡，不存在出界的情况，有效比赛时间甚至可以接近100.0%。因为这一特点，小场地足球训练和比赛的实际效果均大幅度提高。

三、小场地足球运动的技术分类

小场地足球技术是在小场地足球比赛中采用的合理行动和动作的总称。小场地足球技术与大场地足球技术有相同之处，也存在差异，按照球员的技术动作是否与球结合可以分为无球移动技术、有球技术、守门员技术。值得注意的是，三人制、四人制足球运动不设守门员位置，因此这两种运动只包含无球移动技术和有球技术，守门员技术只在五人制、七人制足球运动中涉及。小场地足球技术分类见图1-1。

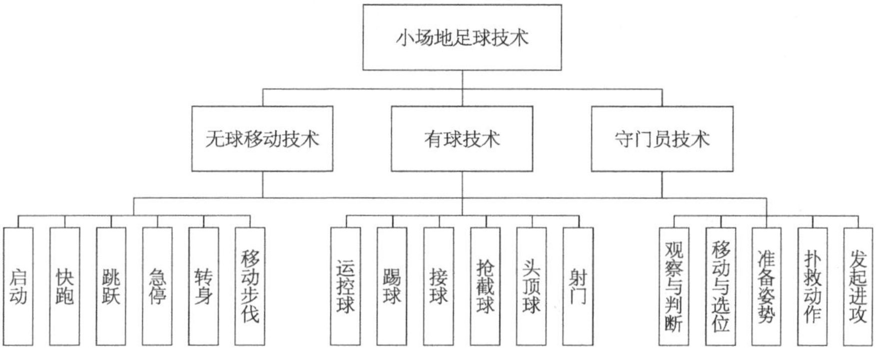

图1-1　小场地足球技术分类

第二章

小场地足球运动技术分析与教学训练应用

第一节　无球移动技术

无球移动技术指小场地足球运动员在比赛、训练中做出的所有不与球结合的合理移动和动作，通常分为启动、快跑、跳跃、急停、转身、移动步伐，可以单个使用，也可组合使用，是球员在不与球结合的情况下与队友配合完成战术目标的关键组成部分。

一、启动

启动是球员从静止状态到跑动状态的转换环节。它是无球球员在场上获得位移的初始动作，可分为重心降低、单侧腿发力、摆臂辅助、产生位移四个环节。在小场地足球运动的严密防守中，好的启动可以暂时甩掉对手，为自抢赢得空当和处理球的时间。

（一）启动的技术动作要领

以自然站立为准备状态。动作开始时，首先降低身体重心，以获得蹬地力量和初始动能。以目标方向同侧腿为轴，异侧腿快速蹬地，同时上身向目标方向扭转并倾斜，双臂协调摆动，协助发力，迅速向目标方向跑出。

（二）启动的易犯错误及纠正

1. 易犯错误

重心过高，无法获得足够的蹬地力量，导致启动速度慢。

2. 纠正方法

以蹲姿或坐姿起跑，体会重心由低到高。

（三）启动技术的实战要点

1.培养球员在场上的观察意识，体会比赛节奏。

2.启动前注意判断队友的传球动作，做到默契配合。

3.进攻启动时要突然，出其不备，从对手的防守弱侧启动。

4.回防时要判断对手的进攻方式，提前启动，提早回防。

（四）练习方法示例

【练习1】5—10米启动

以球场端线为起点，在距端线5—10米处摆放标志物作为终点。将球员分组，尽量保证单组不超过5人。教练员发令，各组一名球员同时起跑，强调起跑的突然性和起跑后的快速提速。（见图2–1）

图2–1

【练习2】两组或多组非公平起点启动

根据球员的速度水平，将球员分成两组或多组，采用较快球员组起点靠后、较慢球员组起点靠前、终点统一的练习方式，同时鼓励球员提高启动速度。（见图2–2）

图2–2

【练习3】多种起跑方式启动

将球员分成若干组，统一端线。球员听到发令后，采用不同的方式起跑，如背对终点、坐于起点、纵跳后启动等。这种方法可以锻炼球员从多种身体姿态快速转换为启动跑的能力。（见图2–3）

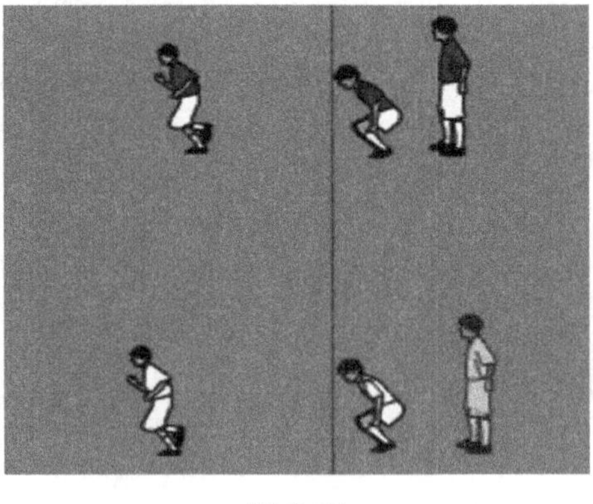

图2–3

二、快跑

快跑又称“快速跑”，是足球运动中启动后加速摆脱防守、快速插上、回防的主要动作形式。

（一）快跑的技术动作要领

在自然跑的状态下，腿用力后蹬，膝关节前上提，大腿与小腿自然折叠，积极摆臂，蹬摆动作协调、有力。

（二）快跑的易犯错误及纠正

1. 易犯错误

蹬摆不充分，刻意追求大步幅，影响步频。

2. 纠正方法

摆放等距标志物，限制步幅。

（三）快跑技术的实战要点

（1）在场上运用时要注意抢占有利身位和路线，回防时多以保护中路为主，进攻时多以拉开边路为主。

（2）接应球时要注意跑动方向和身体姿态，多采用侧身、边跑动边观察来球的方式。

（四）练习方法示例

【练习1】过障碍后快跑

在球场内设置起点；在起点摆放多种障碍器材，如绳梯、栏架、标志杆；在障碍器材后留有15—20米的直线距离。球员由起点出发，通过躲闪越过障碍，获得一定的初始速度后沿直线快速跑至终点。（见图2-4）

图 2-4

【练习2】球场内多站点快速跑

在球场内设置多个起点。球员由第一个起点完成一组快速跑之后，通过走或慢跑的方式到达下一个快速跑起点，再次完成快速跑练习；依次完成多个站点的快速跑。这种方法有助于培养球员的间歇快速跑能力和有无氧结合能力。（见图2-5）

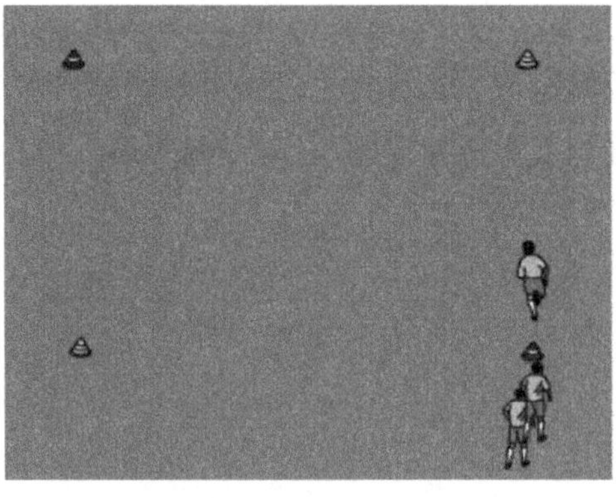

图 2-5

【练习3】争夺射门权

将球员分成两组；在距离球门30米处设置起点，在距离起点10—15米处放置一个足球。教练员发令后，每组1名球员同时快速跑至放球地点，先到者获得射门权。（见图2–6）

图2–6

三、跳跃

足球中的跳跃多出现在跳起头球动作中，在小场地足球运动中不常用到，但属于足球无球移动技术中的一类。

（一）跳跃的技术动作要领

起跳前双脚自然开立，脚尖稍向内旋，膝关节微屈，大、小腿折叠角度在135°左右；上体随重心下压稍稍前倾，双臂屈肘后甩，身体重心平均落在双脚上；双眼注视前方。双腿突然发力蹬地，双臂随蹬地动作向前上摆出，帮助起跳。

（二）跳跃的易犯错误及纠正

1. 易犯错误

（1）起跳前下蹲过度，大、小腿折叠形成的角度过小，不利于发力。

（2）起跳时没有摆臂配合，跳起动作生硬。

2. 纠正方法

（1）根据球员的身高，以一定高度的横置标志杆作为参照，控制屈膝高度。

（2）小幅度跳跃动作配合手臂练习，形成动作记忆。后期可用双手持物，起跳上抛，加以强化。

（三）跳跃技术的实战要点

（1）有对抗起跳争抢时，应注意对手的起跳时机、来球高度、自身弹跳能力、起跳目的（攻门、解围、摆传）。

（2）起跳时，注意将手自然张开，保护躯干。

（3）无对抗起跳时，注意来球方向、落点及起跳目的。

（四）练习方法示例

【练习 1】连续跳跃障碍物

在场地内摆放多个障碍物，球员以纵跳的形式连续跳过，障碍物间距以球员落地直接起跳能越过为宜，锻炼球员连续跳跃的能力。（见图 2–7）

图 2–7

【练习2】助跑摸横梁

将球员分成两组，在距离球门2—4米处面向球门站立。球员在助跑后采用单脚或双脚起跳的方式跳起，双臂随起跳上伸触摸球门横梁，落地缓冲。（见图2-8）

图2-8

四、急停

急停是球员从快速移动状态转为静止的动作。它是球员在场上摆脱对手、防止被对手摆脱、快速动作组合的结束环节。在小场地足球运动中，这一动作的运用频率极高。

（一）急停的技术动作要领

急停时，身体重心下降，上体稍前屈，一只脚向前迈出并以全脚掌着地制动，身体迅速向原跑动方向的相反方向倾斜，另一条腿微屈后开立支撑身体的平衡，使身体迅速停止位移。

（二）急停的易犯错误及纠正

1. 易犯错误

制动时身体重心过高，没有向相反方向倾斜。

2. 纠正方法

练习时可在制动点设置横杆，急停时身体高度要低于横杆。

（三）急停技术的实战要点

（1）摆脱对方防守时，选择在对手即将与自己身位齐平时急停。

（2）防守时注意观察对手的变向和重心移动，提早判断，运用急停。

（3）跑动中注意场上人员的跑动路线，在规避受伤风险时使用急停。

（四）练习方法示例

【练习1】信号急停

球员从球场底线出发，快速冲刺，听到哨声、口令、击掌声或看到教练员举起标志盘等信号时急停；然后再次跑出，听到或看到信号后再次急停。反复练习。（见图2-9）

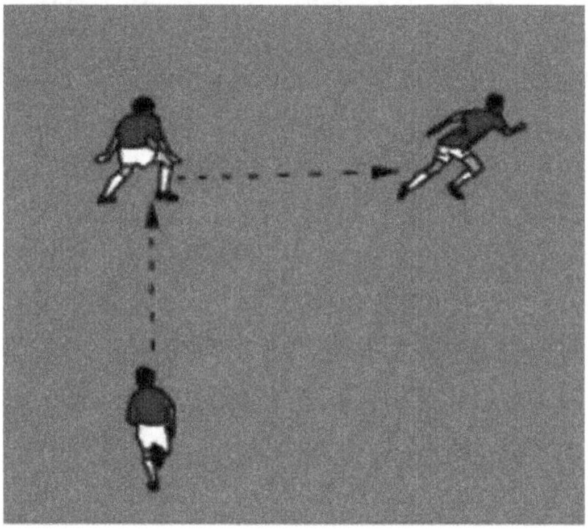

图 2-9

【练习2】无球急停摆脱

将球员分成两人一组，一攻一守，指定进攻方向。球员从一端底线出发，模拟场上无球跑动接应。球员在跑动中要随机采用急停技术，摆脱防守人的跟随，直至到达对面底线。两人交换角色，继续练习。（见图

2–10a、2–10b、2–10c）

图 2–10a

图 2–10b

图 2–10c

五、转身

足球运动中的转身常伴随急停动作，急停转身也是足球运球、无球摆脱跑位、防守回追环节中常用的动作。小场地足球因场地空间小、人员距离近，这一动作更是被频繁使用。

（一）转身的技术动作要领

转身时，首先重心下降，上体稍前屈，随着领先腿的膝、踝的蹬转动作，上体迅速向转体方向扭转、侧倾，重心向转体方向转移；辅助脚脚掌外侧发力蹬地，原领先腿跟随前迈，使整个身体向转动中心轴倾斜，启动加速。

（二）转身的易犯错误及纠正

1. 易犯错误

转身时重心在两脚之间转换出现停顿。

2. 纠正方法

将动作分解为蹬地半转身和半转身蹬地启动两个动作分别练习，再连接练习。

（三）转身技术的实战要点

（1）跑动中为自己创造接球空间时，可选用突然转身接球。

（2）欺骗对手防守时，可采用向无危险区域慢跑，突然转身跑向能够威胁对方球门的区域的方式接应队友。

（3）防守时要与对手保持一定距离，面对对手的突然加速向前，选择在对手的突破方向（身体左侧或右侧）转身回追。

（四）练习方法示例

【练习1】折返跑

在场地内划定固定距离。球员启动后快速跑向折返点，转身后折回起点，如此往返。可根据球员的年龄和体能状况确定折返次数。（见图2–11）

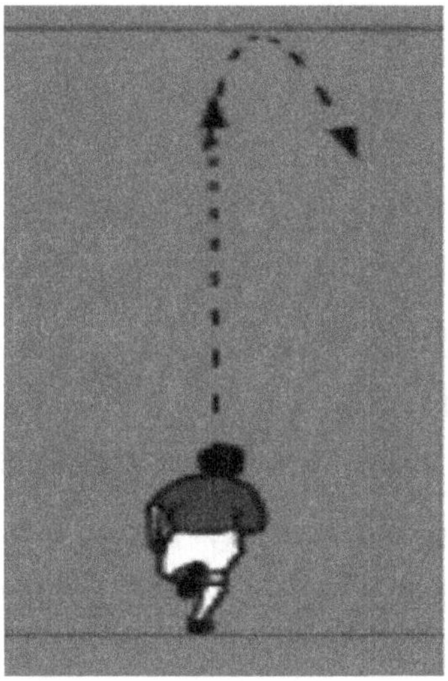

图2–11

【练习2】后退跑接转身

练习开始，先要求球员进行后退跑。球员听到指令后迅速做转身动作，加速跑3—5米后恢复后退跑状态；听到指令后再次练习转身技术。（见图2–12）

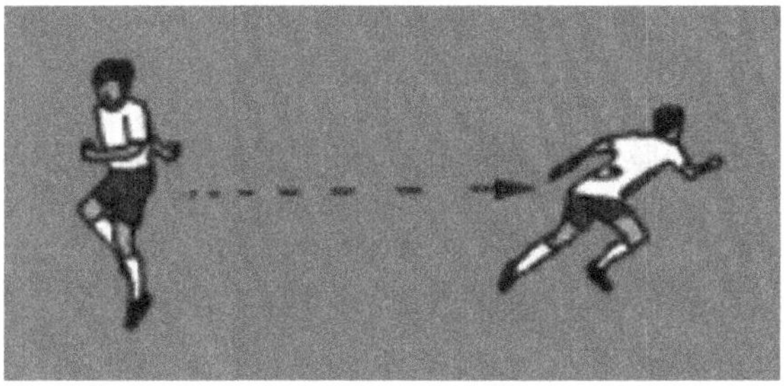

图 2-12

六、移动步伐

移动步伐指球员在足球场上除启动、直线快跑、跳跃、急停转身之外的移动方式，主要包括横向并步、侧后方并步、后退跑、曲线跑、变速跑。曲线跑、变速跑都在正常跑姿下涉及速度和路线的变化，在本部分不做讲解。

（一）移动步伐的技术动作要领

1. 并步

多用于无防守状态下的横向接球或防守不逼抢状态下的跟随。以向左侧并步为例，右脚前掌内侧蹬地，并向左脚靠近，同时左脚向左跨出落地。移动时，双臂自然屈曲于体侧，双膝微屈，重心稍降低。

2. 侧后方并步

多用于正面防守时的回撤和跟随。身体面向进攻球员；双脚呈斜线前后开立，移动时靠前的脚前掌内侧蹬地向靠后的脚靠拢，同时靠后的脚向侧后方跨步移动。回退路线呈“之”字形。

3. 后退跑

后退跑是球员为了观察球场上的攻守情况而背对前进方向的一种跑动方法。后退跑时，双脚提踵，脚前掌交替蹬地，提膝向后跑动；上体放松直立，双臂屈肘相应摆动，保持身体平衡；双眼平视，注意场上情况。

（二）移动步伐的易犯错误及纠正

1. 易犯错误

并步易犯错误：膝关节屈曲角度小于135°，导致重心过低，步幅过大，影响移动速度。

后退跑易犯错误：急于追求速度，向后迈步过大，造成全脚掌着地，影响后退速度及重心稳定。

2. 纠正方法

并步易犯错误纠正：使球员在并步时产生落地轻盈的感觉，练习时将标志物等距摆放，控制并步时步幅的大小。

后退跑易犯错误纠正：强调后退跑的应用时机，并不是追求快速回撤，重在观察。

（三）移动步伐的实战要点

（1）并步接球应在防守较为宽松的环境下使用。

（2）在中前场环境下，对手持球横向移动且进攻意图不明显时，可采用横向并步保持有利位置或跟随跑。

（3）正面防守，防止对方持球人一对一突破时，应采用侧后方并步防守。并且应随着持球球员的变向，适时交换左右脚位置。

（4）在自身转为防守状态且对方未采取快速推进反击的情况下，球员可采用后退跑技术来边观察对方的进攻情况，边回到防守位置。

第二节　有球技术

一、运控球

运控球技术指球员在原地或跑动中运用脚部各个位置使球保持在自己的控制范围内而做的连续触球动作，是球队整体进行战术配合的重要基础之一。熟练地掌握运控球技术可以变换比赛节奏，摆脱并突破对方的防守。

（一）运控球技术动作分析

运控球技术动作通常由三个环节组成，即运控球方法的选择和准备、原地或跑动中间断触球和为下一个动作的连接做好准备。

1. 运控球方法的选择和准备

在使用运控球技术前，球员需要根据临场情况选择合理的部位去触球，以便更好地控制住球。因此，这一环节指球员在实施运控球技术时根据临场情况瞬间做出的技术选择和准备。

2. 原地或跑动中间断触球

这一环节是运控球技术的核心部分。当实施运控球技术后，球员需根据临场情况选择合理的部位间断触球，并始终将球保持在自己的控制范围内。为了达到这个目的，球员必须注意避开对手的干扰或摆脱对手，并随时注意触球的力量和球的运行方向。

一般来说，运控球技术的触球方式为推、拨、拉、扣、颠、挑等。在有对手干扰的情况下，球员不仅需要选择不同的运控球技术，而且需要采用多种触球方式，并利用身体隔开对手和球，用远离对手一侧的脚触球，以保证更好地控制住球。

3. 为下一个动作的连接做好准备

这一环节主要指运控球动作已接近完成，接下来需要传球或射门时，需将球和身体调整到最佳位置而做好准备。这一准备应在运控球动作即将完成时迅速做好，使下一个动作得以顺畅进行。

（二）运控球技术动作的要领与错误纠正

运控球的技术种类有很多，如脚内侧运球、脚背正面运球、脚背内侧运球、脚背外侧运球、突破、运球过人等。

1. 脚内侧运球的技术动作要领与错误动作纠正

脚内侧运球多用于运球寻找配合时或离对手较近需用身体做掩护时，姿势与人正常走、跑不同。

（1）脚内侧运球的技术动作要领

①支撑脚始终位于球的侧前方，支撑脚一侧的肩部指向运球方向，支撑腿膝关节微屈，重心在支撑腿上，另一条腿稍提起并屈膝，脚尖外展。

②用运球脚的内侧触球的中后部，将球向前推出。

③运球脚将球推出后，身体重心随球移动，以协调的跑动和连贯的推送动作运球前行。（见图2-13）

图 2-13

（2）脚内侧运球的易犯错误及纠正

①易犯错误

A. 直腿运球，动作僵硬。

B. 运球时球离身体过远。

②纠正方法

A. 原地做脚内侧运球练习，强调运球腿自然屈膝提起，膝关节外展。

B. 原地做脚内侧推拨球练习，体会脚内侧与球接触的感觉。

2. 脚背正面运球的技术动作要领与错误动作纠正

利用脚背正面向前运球可以产生较快的速度，因而脚背正面运球多用于前方较长距离内无对方防守的情况。

（1）脚背正面运球的技术动作要领

①姿势与正常跑动相似。上体稍前倾；运球腿提起时膝关节稍屈，脚

尖下指；步幅不宜过大。

②用脚背正面触球的中后部，将球向前推出。（见图2–14）

图 2–14

（2）脚背正面运球的易犯错误及纠正

①易犯错误

A.运球时不是推拨球，而是捅球，导致球离身体过远。

B.支撑脚离球过远，身体后仰；触球后，身体重心不能随球前移。

②纠正方法

A.多做原地运球练习，体会脚与球接触的感觉。

B.反复做无球跑动练习，提醒球员注意身体重心。

3.脚背内侧运球的技术动作要领与错误动作纠正

利用脚背内侧运球时，身体需稍微侧转。做这种动作不适宜采用正常跑动姿势，故该技术动作不适合高速运球。出于触球部位、支撑脚位置等原因，脚背内侧运球通常运用于掩护运球、改变运球方向等。

（1）脚背内侧运球的技术动作要领

①上体稍前倾并稍向运球方向侧转；支撑脚在球的前侧方着地，运球脚稍提起，膝关节屈曲，脚尖朝下并稍外转。

②在运球脚着地前用脚背内侧推拨球，使球随身体前行。（见图2–15）

图 2-15

（2）脚背内侧运球的易犯错误及纠正

①易犯错误

A.运球时，身体重心过高，改变运球方向时身体不能顺畅跟进。

B.脚尖外展不够，触球部位不准确，不能控制好运球方向。

②纠正方法

A.反复做无球跑动练习，要求球员在跑动中降低自己的身体重心。

B.可先用较大、较重的球（如篮球）做运球练习，使球员逐渐体会脚触球的感觉。

4.脚背外侧运球的技术动作要领与错误动作纠正

利用脚背外侧运球跑动时，身体姿势与正常跑动类似，跑动速度较快，与脚背正面运球有相似的用途。另外，可利用脚背外侧做弧线和变向运球，易于控制运球方向，具有较强的灵活性。

（1）脚背外侧运球的技术动作要领

①上体稍前倾；运球腿微屈，脚跟提起，脚尖内旋；步幅稍小。

②用运球脚脚背外侧推拨球的后中部。（见图2–16）

图 2-16

（2）脚背外侧运球的易犯错误及纠正

①易犯错误

A. 运球时推拨球力量过大，球离身体过远。

B. 脚尖内旋不够，触球部位不正确，不能控制好运球方向。

②纠正方法

A. 原地做脚背外侧推拨球练习，将球推出后用脚底拉回；反复练习。

B. 做一步一触球练习。

5. 突破的技术动作要领与错误动作纠正

突破是在运球的基础上，运用速度和动作的突然性和欺骗性快速改变技术动作、速度、运球方向等，诱使防守球员改变身体重心，取得时间和位置上的优势，从而突破对手的防守技术。突破的方式多种多样，通常分为拨球过人、拉球过人、扣球过人、挑球过人等。

（1）拨球过人的技术动作要领

拨球过人技术是用脚背内侧或脚背外侧触球，将球拨向不同方位，完成过人并将球继续控制在自己脚下的技术。

（2）拉球过人的技术动作要领

拉球指利用脚掌与球之间的摩擦力将球向不同方向踩拉的技术动作。拉球过人一般是为了躲避或引诱对手的伸脚抢球，利用快速的拉球使对手失去重心，获得时间和位置上的优势，从而突破对手防守的方法。

（3）扣球过人的技术动作要领

扣球过人技术指突然转身，脚踝急转扣压，以脚背内侧或脚背外侧触球的后中部，快速将球停下或改变方向，从而摆脱防守的技术动作。通常，脚背内侧扣球的动作被称为“里扣”，脚背外侧扣球的动作被称为“外扣”。由于幅度小且具有较强的突然性，扣球易于使对方防守球员失去重心。

（4）挑球过人的技术动作要领

挑球过人技术指利用脚背和脚尖的上挑动作或脚背的上撩动作，使球向上方运行，从而摆脱防守的技术动作。由于挑球与常规的地面摆脱动作差异较大，不容易预判。

6. 运球过人的易犯错误及纠正

（1）易犯错误

①触球用力过大，球离身体过远。

②做完拨球、拉球、扣球、挑球等动作后，与下一个动作衔接不顺畅。

（2）纠正方法

①在规定范围内进行慢节奏的拨球、拉球、扣球、挑球等动作的练习，踝关节要充分放松。

②做拨球、拉球、扣球、挑球等动作的单一练习，熟练之后再做组合动作。

（三）运控球技术实战要点

运控球技术可分为运球技术和突破技术，在实战运用时应注意以下要点：

1. 运球技术实战要点

（1）扩大视野，明晰自身所处球场区域。

（2）合理使用运球技术，掌握运球时机。一般情况下，在持球球员身边空间较大时选择运球，在防守较密集时选择及时传球或突破。

（3）根据场地区域选择不同的运球速度和触球频度。中前场较为开阔时，多选择大步幅、少触球的运球方式；中后场空间较小时，多选择小步幅、多触球的运球方式。

（4）根据本队战术制定，合理利用运球吸引防守球员上抢，使其防守产生松动或出现破绽。

2. 突破技术实战要点

（1）应预先设计突破路线，选择有欺骗性的突破方式，如有意图突破左路，可以先向右路移动。要综合考虑自己所处的位置，最终的突破方向应为可以直接威胁球门或能够传出威胁球的方向。

（2）突破前的假动作要逼真，利用重心的晃动来欺骗防守球员，在其防守重心发生变化时，果断加速突破。

（3）注重突破后的连接动作，如传球、射门等技术动作的衔接。

（4）突破时要敢于利用身体，发挥自身速度、力量优势，提早、主动对抗。

（5）注意选择突破时机，如果防守球员移动能力较差，可尝试多次突破。

（6）根据场上形势，有目的地运用突破吸引对手，为异侧队友创造进攻空间和机会。

（7）要多留意并研究对手的技战术风格，利用突破技术制造犯规，获得定位球罚球机会，威胁球门。

（四）练习方法示例

【练习1】双脚内侧来回拨球

利用双脚内侧来回拨球。可在原地练习；也可边拨球，边向前或向后移动。

【练习2】直线运球

按照技术动作要领利用脚内侧、脚背正面、脚背外侧反复做直线运球，可对几步一触球提出要求。

【练习3】绕圈运球

利用脚背内侧或脚背外侧做绕圈运球练习，要求一步一触球，双脚交替练习。

【练习4】扣球与拨球的组合

一只脚扣球后，另一只脚做拨球练习，双脚交替做扣球与拨球的组合练习。

【练习5】推球与拉球的组合

一只脚将球推出后，另一只脚将球拉回，双脚交替做推球与拉球的组合练习。

【练习6】拨球与脚背外侧运球的组合

一只脚支撑；用另一只脚的脚背内侧将球向支撑脚附近拨，然后用同一只脚的脚背外侧将球带出。双脚交替做拨球与脚背外侧运球的组合练习。

【练习7】拨球与挑球的组合

一只脚支撑；用另一只脚的脚背内侧将球向支撑脚附近拨，然后用同一只脚的脚背外侧将球挑起。双脚交替做拨球与挑球的组合练习。

【练习8】多人运球

在固定范围内，多人同时进行运球练习。

【练习9】运球与抢球的组合

一人运球，另一人做逼抢，可对逼抢强度提出要求（如跟随、消极、积极）。

二、踢球

（一）踢球技术动作分析

踢球的方法多种多样，但各技术动作的过程主要由助跑、支撑、摆腿、脚触球和随前摆动5个部分组成。

1. 助跑

助跑指球员在踢球前做出准备性跑动。它的主要作用是使身体获得一定的向前的速度、调整球员与球的位置，以利于支持脚处于合理的位置，增加踢球脚的击球速度。助跑的最后一步应稍大一些，这样可以增加踢球腿的摆动幅度，从而为提高踢球脚击球的速度和准确性创造条件。助跑通常被分为直线助跑和斜线助跑，助跑方向与出球方向相同的为直线助跑，助跑方向与出球方向交叉的为斜线助跑。

2. 支撑

支撑指在触球过程中支撑脚的位置、踏地方法、脚尖方向和维持身体平衡的动作。它的主要作用是保持身体平衡，使踢球腿得以顺畅发力。一般情况下，踢球瞬间，支撑脚应位于球侧面10 — 15厘米处，膝关节微屈且脚尖方向与出球方向一致。

3. 摆腿

摆腿指踢球腿在助跑的最后一步做出的摆动动作。踢球腿击球力量的大小主要取决于腿的摆动速度和摆动幅度。因此，在摆腿的过程中，踢球腿的大腿应尽量后引、外展，同时小腿后屈，前摆时以髋关节为轴，大腿带动小腿摆动击球。

4. 脚触球

脚触球是决定出球准确性的重要环节，也是影响出球力量的主要因素。它包括脚的部位和球的部位两个因素。一般来说，如果脚的某一部位击球的后中部，且作用力通过球心，出球会较为平直。如果踢球的作用力没有通过球心，会使球发生旋转，并沿着一定的弧线运行。因此，当踢各种来球时，应判断来球的速度、方向，并根据出球目标合理选择踢球部位及触球部位。

5. 随前摆动

踢球后的随前动作指脚与球接触后踢球腿顺势前摆和送髋的动作。随前动作可以使球员的身体重心前移，这样既易于控制出球方向，加大击球力度，也有利于减缓踢球腿急速前摆产生的向前的惯性，从而保持身体平衡。另外，做好随前动作还有利于踢球动作与下一个动作衔接。

（二）踢球技术动作的要领与错误纠正

根据脚触球的部位，可以将踢球技术动作分为脚内侧踢球、脚背正面踢球、脚背内侧踢球、脚背外侧踢球、脚尖踢球、脚跟踢球等。其中脚内侧踢球和脚背内侧踢球技术也是小场地足球运动中守门员常用的球门球发球方式。

1. 脚内侧踢球的技术动作要领与错误动作纠正

脚内侧踢球是利用脚内侧部位（跖趾关节、舟骨、跟骨等形成的平面）踢球的一种方法，其特点是脚触球面积大，可控性强，出球较为平稳、准确，且易于掌握。但由于该技术动作要求大腿前摆时外展且屈膝，导致大腿与小腿的摆动都受到一定的限制，故出球力量相对小，常用于短距离传球和射门。

（1）脚内侧踢低球的技术动作要领

①直线助跑，最后一步稍大。

②支撑脚位于球的侧面约15厘米处，脚尖正对出球方向，支撑腿微屈。

③在支撑脚着地时，踢球腿大腿带动小腿由后向前摆动，在摆动过程中大腿外转，使踢球脚与支撑脚几乎成90度角。

④踢球脚踝关节保持固定，脚底与地面平行，脚尖微微翘起，触球的后中部。

⑤触球后踢球腿顺势向前摆动，髋关节也向前送出。（见图2–17）

图 2–17

（2）脚内侧踢高球的技术动作要领

①根据球速及球的运行轨迹判断球的落点，迅速移至球的落点前。

②身体正对来球方向，踢球腿抬起、屈曲并外展，小腿绕额状轴由后向前摆动。

③当踢球腿小腿摆至额状面时，击球的后中部。

④击球后，踢球腿的随前动作与击球方向一致。（见图2–18）

图 2–18

（3）脚内侧踢球易犯错误及纠正

①易犯错误

A.踢球腿膝关节外展不够，脚尖没有微翘，影响击球效果。

B.踢球腿直腿摆动，出球乏力。

②纠正方法

A.单手扶墙；双脚呈“八”字形站立，支撑腿微屈，踢球脚向空中踢出。

B.进行原地无球模仿练习，要求踢球腿屈膝外展摆动。

2. 脚背正面踢球的技术动作要领与错误动作纠正

脚背正面踢球是利用脚背正面（楔骨和跖骨的末端部位）踢球的一种方法，其特点是踢球腿的摆动幅度大，摆动速度快，击球力量大，准确性也较强。因此，在足球比赛中，脚背正面踢球技术常用于远距离传球和大力射门。

（1）脚背正面踢低球的技术动作要领

①直线助跑，最后一步稍大。

②支撑脚脚跟着地，在球的侧后方10 — 15厘米处，脚尖正对出球方

向，支撑腿微屈。

③在支撑脚着地的同时，摆动腿充分后摆，并以髋关节为轴，大腿带动小腿由后向前摆动；当接近球的上方时，小腿做加速前摆。

④当摆动腿的膝盖处在球的正上方时，踝关节绷直，用脚背正面击球的后中部。

⑤击球后，踢球腿随球继续提膝前摆。（见图2–19）

图 2–19

图 2–20

（2）脚背正面踢高球的技术动作要领

①根据球速及球的运行轨迹判断球的落点，迅速移动至球的落点前。

②来球方向的异侧脚支撑，脚尖正对出球方向。

③摆动腿充分后摆，并以髋关节为轴，大腿带动小腿急速向出球方向摆动。

④踝关节绷直，用脚背正面触球的后下部。

⑤触球后，踢球腿向前上方摆动。（见图2-20）

（3）脚背正面踢球易犯错误及纠正

①易犯错误

A. 支撑脚位置靠后，导致踢球时上体后仰，出球位置偏高。

B. 踢球腿小腿后摆不充分，影响出球力量。

C. 踢球时踝关节未绷紧，影响击球力量。

②纠正方法

A. 在地面摆放小的标志物，引导支撑脚处于合适的位置。

B. 做无球摆动练习，要求摆动腿脚跟几乎触到自己的臀部。

C. 反复踢较软的障碍物，强化脚背肌肉绷紧的感觉。

3. 脚背内侧踢球的技术动作要领与错误动作纠正

脚背内侧踢球是利用脚背内侧（第一跖骨及跖趾关节）踢球的一种方法，其特点是踢球腿的摆动幅度大，摆速快，踢球力量大，且支撑脚选位较为灵活，出球方向的范围也较大，因此可踢出各种旋转球及平直球。

（1）脚背内侧踢球的技术动作要领

①斜线助跑，助跑方向与出球方向约成45度角，最后一步稍大。

②支撑脚积极着地，脚尖在球的内侧后方20—25厘米处正对出球方向，支撑腿微屈；身体稍向支撑脚一侧倾斜。

③在支撑脚着地的同时，摆动腿充分后摆，并以髋关节为轴，大腿带动小腿急速向前摆动；当大腿摆至与支撑腿平行时，小腿加速前摆，脚尖稍向外转，指向斜下方，脚背绷直。

④以踢球脚的脚背内侧触球的后中部（踢高球时，触球的中下部）。

⑤踢球腿及身体在击球后继续随球向前。（见图2-21、图2-22）

图 2-21

图 2-22

（2）脚背内侧踢球易犯错误及纠正

①易犯错误

A. 支撑脚位置靠后，导致踢球时上体后仰，触球位置不实。

B. 踢球脚脚尖外转角度不够，导致触球部位不正确。

C. 摆腿方向与出球方向不一致，形成画弧动作，以致触球点不准。

②纠正方法

A. 在地面摆放小的标志物，引导支撑脚处于合适的位置。

B. 做固定球练习，反复体会触球时的脚形。

C. 在地面画线，引导摆腿方向与出球方向一致。

4. 脚背外侧踢球的技术动作要领与错误动作纠正

脚背外侧踢球是利用脚背外侧（小趾和踝骨之间的部位）踢球的一种方法，除与脚正面踢球类似外，还具备出球角度大、线路变化多、隐蔽性强等特点。因此，在足球比赛中，脚背外侧踢球常用于中、远距离的传球和射门。

（1）脚背外侧踢球的技术动作要领

①助跑方向与踢球腿的摆动方向一致，最后一步稍大。

②支撑脚位于球的侧后方15 — 20厘米处。

③在支撑脚着地的同时，摆动腿充分后摆，并以髋关节为轴，大腿带动小腿急速向前摆动；当大腿摆至与支撑腿平行时，小腿加速前摆，脚尖内转，脚背绷直。

④用脚背外侧部位踢球的相应部位（视所需球的性质而定），施力方向不通过球心。

⑤触球后，身体随踢球腿的摆动前移。（见图2–23、图2–24）

图 2–23

图 2–24

（2）脚背外侧踢球易犯错误及纠正

①易犯错误

A. 踢球时膝盖和脚尖内转角度不够，导致接触球部位不正确。

B. 支撑脚靠后，导致踢球时身体后仰，踢球的后下部，以致出球位置偏高。

②纠正方法

A. 一人踩球，另一人踢球，体会脚的部位和触球部位。

B. 在地面上摆放小的标志物，引导支撑脚处于合适的位置。

5. 脚尖踢球的技术动作要领

脚尖踢球是利用脚尖部位踢球的一种方法，其特点是踢球的着力点集中，出球速度快，突发性强，但因脚尖与球的接触面积小，准确性相对差。脚尖踢球的方法常用于球距身体较远时的捅球或摆腿空间不足时的射门。

脚尖踢球技术动作的具体要领如下：

（1）支撑脚位于球的侧后方。

（2）摆动腿充分后摆，并以髋关节为轴，大腿带动小腿急速向前摆动；当大腿摆至与支撑腿平行时，脚尖微翘，脚背绷直。

（3）用脚尖部位踢球的后中部。

（4）触球后，身体随踢球腿的摆动前移。（见图2–25）

图 2–25

6. 脚跟踢球的技术动作要领

脚跟踢球是利用脚跟踢球的一种方法。根据人体结构的特点，脚跟踢球的力量较小；但由于出球方向为后方，这种踢球方法具有较强的突发性和隐蔽性。脚跟踢球的技术动作有以下两种：

（1）当球在支撑脚的内侧时，踢球腿前提，跨过球，以膝关节为轴，小腿快速后摆，脚背绷直，用脚跟击球的前中部，将球向后踢出。（见图2–26）

图 2–26

（2）当球在支撑脚的外侧时，踢球腿前摆，当摆过支撑脚时，向支撑脚一侧交叉后摆，脚背绷直，用脚跟击球的前中部，将球向后踢出。（见图2–27）

图 2–27

（三）踢球技术的实战要点

（1）养成传球前抬头观察的习惯，扩大视野范围。一般情况下中后场传球以保持控球权为主，中前场传球以威胁对手球门为主。在小场地比赛中应加强后场传威胁球的能力。

（2）应减少意图明显的传球动作，可利用肢体假动作、眼神、变向传球等传出隐蔽性较强的球。

（3）应尽量避免远距离的横向传球，减少小场地比赛中挑传和过顶长传的数量。

（4）小场地足球比赛中球员运球或停球时应将球的控制范围保持在一步之内，以避免因距离球过远而做出多余的准备动作，贻误传球时机。

（5）加强日常多部位传球的准确性练习，提升比赛中传球的准确性，做到多种部位的准确传球。

（四）练习方法示例

【练习1】踢固定球

辅助球员踩球的前半部，另一名球员用不同的脚法做踢球练习。用力不要过大，主要体会脚形、触球部位、送髋等动作。

【练习2】对墙踢球

面对足球墙，用各种脚法进行踢球练习。在开始阶段主要体会动作；随着熟练程度的提高，可逐渐增加踢球的力量和距离。另外，可在足球墙上画一些标志，以检验踢球的准确性。

【练习3】2人踢地滚球

2人相距10米左右，用各种脚法踢地滚球。在开始阶段主要体会助跑、支撑、摆腿、脚触球、随前摆动等技术动作的衔接；待熟练程度提高后，可逐渐增加踢球的力量和距离。

【练习4】2人踢过顶球

2人相距20米左右，用脚背内侧、脚背外侧等脚法踢过顶球。在开始阶段，要对支撑脚位置、摆腿方向、脚形、触球部位等做出具体要求；待熟练程度提高后，可逐渐增加踢球的力量和距离。

【练习5】定位球射门

在球门前的点球点附近或大禁区线外进行定位球射门练习。要求用各种脚法踢球，并对出现的失误进行分析和总结。

【练习6】踢地滚球射门

辅助球员在底线（距球门10米左右）向点球点附近传地滚球；另一名球员从大禁区线附近出发，在跑动中迎球射门。要求用各种脚法踢球，并对出现的失误进行分析和总结。

【练习7】凌空射门

辅助球员在底线（距球门10米左右）向点球点附近传半高球，另一名球员从大禁区线附近出发，在跑动中迎球凌空射门。要求用各种脚法踢球，并对出现的失误进行分析和总结。在开始阶段，为降低难度，辅助球员可用手抛球。

三、接球技术

接球指球员有目的地利用身体合理部位将运行中的球接控制在自己需要的范围内，以便更好地做出下一个技术动作。由于要为下一个技术动作服务，接球的质量直接关系到下一个技术动作能否顺利进行。虽然现代足球比赛对球员一脚传球能力的要求越来越高，但在很多情况下还是需要将球接控下来，进行节奏上的调整，以便进行更有效的战术配合。

（一）接球技术动作分析

接球的方法有很多，需要球员根据来球的性质和状态选择相应部位去触球。但无论采用哪种接球方式，动作结构都由4个环节组成：判断选位、选择接球的部位和接球方法、触球、跟随动作。

1. 判断选位

为了完成好接球动作，球员首先要根据球的运行轨迹、旋转、速度等迅速判断出球的运行趋势并及时移动，以便自己处于做接球动作的最佳位置。

2. 选择接球的部位和接球方法

由于来球的性质和状态不同，需要球员根据不同情况采用不同的接球动作。另外，采用不同的接球动作会对下一个动作的衔接产生不同的影响。因此，要选择合适的接球部位和接球方法，必须根据临场情况及下一步动作的需要。

3. 触球

根据来球情况和接球的实际需要，可采取切压式触球或缓冲式触球的方法。切压式触球即利用触球部位与地面的空间改变球的力量和路线，从而将球接控住的方式，如脚底接停球、挺胸式接停球等。缓冲式触球即利用触球部位在受到撞击的瞬间的回撤动作缓冲球的力量，从而将球接控住的方式，如大腿接球、收胸式接停球等。

4. 跟随动作

接球是完成下一项技术动作的手段，因此球员在触球后应及时调整身体重心并迅速连接射门、传球、运球等动作。

（二）接球技术动作的要领与错误纠正

常用的接球方法有脚内侧接球、脚底接球、脚背正面接球、脚背外侧接球、大腿接球、胸部接球等。

1. 脚内侧接球技术动作要领与错误动作纠正

由于具有触球面积大、动作较简单、易掌握等特点，脚内侧接球是接球技术中使用最为频繁的技术动作。

（1）脚内侧接地滚球的技术动作要领

①身体正对来球方向，主动迎球跑动。

②支撑脚脚尖正对来球，支撑腿微屈，同侧肩正对来球。

③接球腿稍提起，大腿外展，脚尖微翘，脚内侧正对来球并前迎。

④接球腿在脚内侧部位触球的瞬间迅速后撤，将球接控在脚下。（见图2–28）

图 2-28

（2）脚内侧接反弹球的技术动作要领

①根据来球的运行轨迹判断球的落点，并及时移动到球的落点附近。

②支撑脚位于球落点的侧前方，支撑腿微屈，身体稍前倾。

③接球腿屈膝向侧后方抬起，脚尖微翘，使小腿与地面形成一定的锐角。

④在球落地反弹的瞬间，接球腿的脚内侧部位轻压球的中上部，将球接控在脚下。（见图2-29）

图 2-29

（3）脚内侧接空中球的技术动作要领

①根据来球的运行轨迹判断球的落点，并及时移动到球的落点附近。

②身体正对来球方向，接球腿屈膝上抬，脚内侧自动迎球。

③接球腿在脚内侧部位触球的瞬间迅速后撤，将球接控在脚下。（见图2-30）

图 2-30

（4）脚内侧接球易犯错误及纠正

①易犯错误

接反弹球时，对球的落点判断不准，容易出现漏球现象。

②纠正方法

自己抛球，做接反弹球练习。

2. 脚底接球技术动作要领与错误动作纠正

脚底接球是用前脚掌下压球，将球接控住的停球方法。由于具有便于掌握、便于连接下一个动作等特点，脚底接球技术在小场地足球中使用频率极高。

（1）脚底接地滚球的技术动作要领

①根据球的运行轨迹选择好接球位置，并及时移动到位。

②身体正对来球方向，移动前迎；支撑脚位于球的侧面，脚尖正对来球方向，支撑腿微屈。

③接球腿屈膝上抬，脚尖翘起，使脚底与地面形成一定的夹角，用前

脚掌挡压来球的中上部。

④根据下一个动作的需要，用脚掌做推球、拉球等动作。（见图2–31）

图 2–31

（2）脚底接反弹球的技术动作要领

①根据球的运行轨迹判断球的落点，并及时移动至落点附近。

②支撑脚位于球落点的侧后方，脚尖正对来球方向。

③接球腿屈膝上抬，脚尖翘起，在球落地反弹的瞬间用前脚掌触球的中上部。

④脚触球后，及时衔接下一个动作。（见图2–32）

图 2–32

（3）脚底接球易犯错误及纠正

①易犯错误

A. 抬脚过高，出现漏球现象。

B. 接球腿过于紧张，接球后球离身体过远。

②纠正方法

A. 做练习时，脚跟高度不要超过球。

B. 做练习时，膝关节和踝关节要放松。

3. 脚背正面接球技术动作要领与错误动作纠正

脚背正面接球即用脚背正面触球，将球接控住的方法，多用于接运行轨迹具有较大弧度的空中来球。

（1）脚背正面接球的技术动作要领

①根据球的运行轨迹判断球的落点，并及时移动至落点附近。

②支撑脚位于球落点的侧后方，支撑腿微屈。

③接球腿屈膝上抬，脚背正面上迎下落的球；触球瞬间，接球脚根据来球的力量和速度向下撤引，球随脚背落在脚下。

④接球脚触地后，及时衔接下一个动作。（见图2–33）

图 2–33

（2）脚背正面接球易犯错误及纠正

①易犯错误

A. 接球后球离身体过远。

B. 接球脚下撤过晚，影响接球质量。

②纠正方法

A.做练习时，踝关节要放松。

B.做自抛自接练习。

4.脚背外侧接球技术动作要领与错误动作纠正

（1）脚背外侧接地滚球的技术动作要领

①判断来球情况，确定支撑脚的位置。

②支撑腿微屈。

③接球腿屈膝上抬，踝关节内翻，使小腿和脚背外侧与地面成锐角，并正对接球后球运行的方向，在支撑脚的前侧方以脚背外侧部位触球的侧中部。

④触球的同时，身体随球移动。（见图2-34）

图 2-34

（2）脚背外侧接反弹球的技术动作要领

①判断来球的落点，及时移动至落点附近。

②支撑脚位于来球落点的侧后方，支撑腿微屈。

③接球腿屈膝上抬，脚尖内转，小腿与地面成锐角，并正对接球后球运行的方向，在支撑脚的前侧方以脚背外侧部位触反弹瞬间的球的侧上部。

④触球的同时，身体随球移动。

（3）脚背外侧接球易犯错误及纠正

①易犯错误

A.接球后球离身体过远。

B.接反弹球时出现“卡死”现象。

②纠正方法

A.做练习时，膝关节、踝关节要放松。

B.做自抛自接练习，要求小腿与地面形成适宜的夹角。

5. 大腿接球技术动作要领与错误动作纠正

大腿部位的肌肉较多，接球时会起到很好的缓冲作用，因此大腿接球技术适用于接高球。

（1）大腿接球的技术动作要领

①判断来球的落点，及时移动至落点附近。

②面对来球方向，接球腿大腿抬起，以大腿的中部触球的下方。

③接球腿在大腿触球的瞬间迅速下撤，使球在触腿后落于体前。

④球下落后，迅速调整身体，进行下一个动作。（见图2-35）

图 2-35

（2）大腿接球易犯错误及纠正

①易犯错误

A.对接球腿引撤时机和速度掌控不好，缓冲效果差。

B.接球后，球离身体较远。

②纠正方法

A.做大腿颠球练习。

B.做自抛自接练习，要求用大腿中部触球。

6.胸部接球技术动作要领与错误动作纠正

胸部是人体肌肉较为集中的部位，且面积大，又处于人体较高的部位，因此是接高球的主要部位之一。胸部接球有挺胸式和收胸式两种方法。

（1）挺胸式接球技术动作要领

①判断来球的落点，及时移动至落点附近。

②面对来球，双脚左右或前后开立，双腿微屈，上体后仰，下颌微收，双臂自然张开，保持身体平衡。

③胸部触球的瞬间，双脚蹬地，双腿伸直，用胸部托球的下部，使球速得到缓冲，球自然下落于体前。

④球下落后，迅速调整身体，进行下一个动作。（见图2–36）

图 2–36

（2）收胸式接球技术动作要领

①判断来球的落点，及时移动至落点附近。

②面对来球，双脚左右或前后开立，双臂自然张开，挺胸迎球。

③胸部触球的瞬间，收胸、收腹，使球速得到缓冲，球自然下落于体前。

④球下落后，迅速调整身体，进行下一个动作。（见图2–37）

图 2–37

（3）胸部接球易犯错误及纠正

①易犯错误

A. 接球后，球离身体过远。

B. 接球时，挺胸和收胸过早或过晚。

②纠正方法

A. 练习时，要用正确的部位触球。

B. 原地做无球的挺胸和收胸练习，要求充分达到突然发力的效果。

（三）接球技术的实战要点

（1）接球时应尽量将球控制在地面，防止球的二次或多次弹跳，保证接球动作简单而有效。

（2）接球前要注意观察自己所处区域、与防守球员的距离及防守意图。防守球员所处位置较远时，可以选择原地接球转身；防守球员所处位置较近时，应选择迎前接球转身或迎前接球不转身并回传。

（3）接球时身体应打开，根据场上情况尽量采取斜线跑动，不要将球“停死”在脚下。

（4）接球时要注意与身体的假动作结合，迷惑防守球员。

（5）充分利用身体和下肢的移动创造接球空间，将身体隔在防守球员和球之间，并尽量使球远离防守球员。

（6）移动中接球时要提前考虑接球后的下一个动作，不要使球长时间停留在脚下，尽快串联传球、运球、突破、射门等环节。

（四）练习方法示例

【练习1】接反弹球

利用足球墙练习各种接球技术。在开始阶段主要练习接各种地滚球；待熟练后，可逐渐增加踢球的力量和高度，以及接球的难度。

【练习2】1人接高球

将球踢高，然后用身体各部位练习接高球或反弹球的技术。

【练习3】2人原地接地滚球

2人相距10米左右，1人踢地滚球，1人用各种方法做接地滚球练习。

【练习4】2人跑动中传接球

2人一组，使用一个球，在一定范围内做跑动中传接球练习。要求传球时使用各种脚法，接球时也尽量使用多种技术。

【练习5】2人接手抛球

2人面对面站立，1人抛球，1人做各种接高空球练习。

【练习6】2人接高球

2人面对面站立，1人用脚将球踢高，1人用各种方法接高空球。要求接球球员一次性将球接好，并迅速将球传回。

【练习7】跑动中接高球

两人并排站立；一人用脚向稍远处踢高球；与此同时，另一人迅速跑动至球落点处，用各种方法接高空球。要求接球球员尽量不让球落地或反弹起来。

【练习8】接球与射门的组合

辅助球员在底线（距球门10米左右）向点球点附近抛球；另一名球员从大禁区线附近出发，在跑动中先接球，然后射门。要求球员用各种方法接球，将接球动作与射门动作衔接好。待熟练后，辅助球员可改用脚传球，增加接球的难度。

四、抢截球技术

抢截球技术指球员在规则允许的范围内，运用身体的合理部位将对手控制下或传递中的球争抢下来或将球的运行路线破坏掉的技术动作方法。抢截球技术是球员获得控球权的重要手段之一，是球员个人防守能力的重要体现。

（一）抢截球技术动作分析

抢截球技术的动作由判断选位、上步抢断、衔接动作三个环节组成。

1. 判断选位

准确的判断是进行有效抢断的前提，是移动选位的根本依据。这个环节首先需要观察对手的控球情况和接应球员的情况，并判断对手的意图。球员应根据观察和判断的结果及时选择并调整自己的防守站位。另外，在条件允许的情况下，可以适当放缓这一环节的时间和过程，引诱对手做出错误的判断，以提高抢截的成功率。

2. 上步抢断

实施抢断时，时机是非常重要的因素，过迟或过早都将直接影响抢截的效果。通常，实施抢断的时机有两种：一是对手在控球过程中，球出现失控或离控球球员过远时；二是对手将球传出，尚未被同伴接到时。

另外，实施抢断时，还要根据来球情况、自身所处的位置等选择合理、有效的抢断动作。例如，对地滚球或地平球，可选用脚内侧抢断，对平球或高球，可选用胸或头部截击等。

3. 衔接动作

除将对手的进攻破坏之外，抢截球多是为了获得球的控制权。因此，在实施抢断后，为保证顺畅衔接下一动作，球员应迅速将身体调整到控球动作需要的状态和位置。

（二）抢截球技术动作的要领与错误纠正

1. 断球技术动作要领

断球也称“截球”，指球由对方传出，在空中运行或在地面滚动时被抢断下来的技术动作。在实施断球时，首先要准确判断对手的出球意图、出球方向等，并及时移动至最佳的断球位置。断球时，还要根据来球情况及自身的需要使用身体的合理部位将球断下。

2. 正面抢球技术动作要领

（1）在逼近控球球员时，防守球员应双脚前后开立，双腿微屈，上体微前倾，并注意观察对手的脚下动作。

（2）当两人之间的距离缩短到防守球员向前跨一大步即可触球时，防守球员以对手触球的瞬间为抢断时机，迅速用力蹬地并跨步向前，将球抢下。

（3）将球抢下后，支撑脚应迅速跟上，并将球控制住。（见图2–38）

图 2–38

3. 抢断球易犯错误及纠正

（1）易犯错误

①对抢断时机把握不好，出现过迟或过早的现象。

②抢断动作缺乏力度，抢断效果不佳。

（2）纠正方法

①以讲解的方式使球员明确最佳的抢断时机是对手触球的瞬间。

②多做爆发力练习，有针对性地提升球员抢断瞬间的发力。

（三）练习方法示例

1. 争抢固定球练习

2人面对面相距5米左右站立，将球放置在中间；待信号发出后，2人同时上前争抢球。

2. 抢圈练习

4—5人围成一个圈，随意传球；另选1人在圈中进行抢断球练习。

3. 抢球与运球的组合练习

2人一组，1人运球，1人从正面进行抢球练习。

4. 在固定范围内的抢断球与运球的组合练习

10人左右在固定范围内进行反复的运球练习，另选1人在该范围内进行抢球练习。

五、头顶球技术

头顶球指球员有目的地用前额将球击向预定目标的技术动作。在现代足球比赛中，攻守双方的争夺已不仅仅停留在地面上，空中球的争夺也日趋激烈。头球于是成为争夺高空球的重要手段。

（一）头顶球技术动作分析

头顶球表现为一个自下而上全身协调发力的技术动作过程，包括以下4个部分：

1. 判断与选位

判断和选位是完成好头顶球技术动作的前提，直接影响头顶球的质量。判断是选位的依据，因此，在选位前必须首先判断来球的性质、运行路线和轨迹等，并据此进行相应的移动选位，以便自己处于最佳位置。

2. 蹬地与摆动

蹬地是头顶球技术动作的起始用力阶段。其作用主要为：第一，通过有力的蹬地产生反作用力，有助于身体向上跳起；第二，通过有力的蹬地提高身体的摆动速度，增大头部击球的力量。

身体摆动是头顶球力量的主要来源，而身体摆动的效果主要取决于腰腹肌的力量、身体摆动的幅度和动作的协调性。通常，根据身体摆动幅度将头顶球的摆动分为大幅度摆动和小幅度摆动。大幅度摆动由于具有顶球力量大、出球速度快等特征，适用于远距离的传球、破坏球、射门等。小幅度摆动虽然具有动作准备期短、动作突然、出球线路灵活多变等特征，但击球力量较小，主要适用于短传和近射。

3. 触球动作

头顶球的质量和效果主要取决于头部触球动作。该技术动作还包含触球时机、触球部位等细节。

触球时机直接影响身体摆动的功效。从理论上说，最佳触球时机是身体摆动至垂直体位时。这是因为此时身体摆动的速度最快，发力充分。

触球部位指头顶球时头部与球对应的部位，是影响头顶球准确性和力量的主要因素。因此，在头部触球前应根据来球情况及预定出球方向选择合适的触球部位，以此保证按照预定的方向出球。

4. 触球后的身体控制

头顶球后，对身体姿势的掌控将直接影响下一个动作的衔接。因此，在头部触球后不仅要注意自我保护，以免受伤，还要控制好身体姿势，并迅速调整身体重心，为下一个动作做好准备。

（二）头顶球的技术动作要领与错误纠正

头顶球技术主要分为原地前额正面头顶球、跳起前额正面头顶球、鱼跃头顶球、原地前额侧面头顶球、跳起前额侧面头顶球等。

1. 原地前额正面头顶球的技术动作要领

（1）身体正对来球，双眼注视来球，双脚左右或前后开立，双腿微屈。

（2）随球临近，上体稍后仰，双臂自然张开，微收下颌，身体自下而上蹬地、收腹、摆动。

（3）当头摆至身体垂直面时，用前额正面触球的后中部。

（4）触球后，上体随球前摆。（见图2–39）

图 2–39

2. 跳起前额正面头顶球的技术动作要领

（1）根据球的运行轨迹选择起跳位置和起跳时机。

（2）起跳时，双脚用力蹬地，双臂屈曲上摆，并展腹挺胸形成背弓。

（3）当球运行至身体额状面时，上体迅速收腹前摆；触球瞬间颈部做爆发性振摆，用前额正面触球。

（4）触球后，上体随球前摆的同时，双腿屈曲，缓冲落地。（见图2–40）

图 2–40

3. 鱼跃头顶球的技术动作要领

（1）根据球的运行轨迹判断来球的路线，选择好顶球点。

（2）单脚或双脚用力向前蹬地，身体接近水平状态向前跃出；同时双臂微屈前伸，双眼注视来球。

（3）利用身体向前跃出的冲力，以前额正面触球。

（4）触球后，双臂屈曲，手掌先着地；随后胸部、腹部、大腿、小腿依此着地。（见图2–41）

图 2–41

4. 原地前额侧面头顶球的技术动作要领

（1）根据来球情况，迅速移动到位。

（2）双脚前后开立，双腿微屈；身体侧对来球方向，上体向后倾斜，双臂自然张开；双眼注视来球。

（3）当球运行至身体前上方时，双脚用力蹬地；充分利用身体向前摆动和甩头的力量，以前额侧面触球的后中部。

（4）触球后，上体随球前摆。（见图2–42）

图 2-42

5. 跳起前额侧面头顶球的技术动作要领

（1）根据球的运行轨迹选择起跳位置和起跳时机。

（2）在起跳后的身体上升阶段，上体向出球的相反方向侧摆。

（3）在身体达到最高点时，上体迅速向出球方向摆，颈部扭摆甩头，以前额侧面触球的后中部。

（4）触球后，上体随球前摆的同时，双腿屈曲，缓冲落地。（见图 2-43）

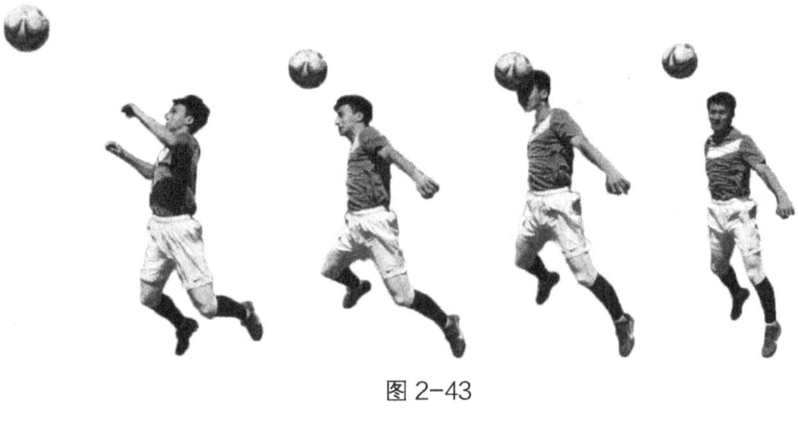

图 2-43

6. 头顶球易犯错误及纠正

（1）易犯错误

①动作脱节，影响发力效果。

②触球时机不好，影响顶球效果。

③触球瞬间闭眼、缩脖，影响顶球的力量和准确性。

④起跳与空中动作不协调，不能顺畅地完成跳、顶动作。

（2）纠正方法

①做无球模仿练习，动作要规范。

②以讲解、示范的手段使球员明确最佳触球时机为球运行至身体额状面时。

③可以先用排球等较轻的球做练习，减少球员的恐惧心理。

④做无球模仿练习，要求起跳、腾空、摆体、落地缓冲等动作协调，有序发力。

（三）头顶球练习方法示例

【练习1】头顶固定球

辅助球员原地双手举球，另一名球员用前额正面或侧面触球。用力不要过大，主要体会发力时机和触球部位。

【练习2】头顶手抛球

2人相距5米左右；一名球员将球抛起，另一名球员做原地或跳起头顶球练习。在开始阶段主要体会动作；随着熟练程度的提高，可逐渐增加手抛球的高度和球速。

【练习3】利用足球墙的头顶球

原地用前额正面或侧面将自己抛起的球顶向足球墙。在开始阶段主要体会动作；随着熟练程度的提高，可连续顶球，逐渐减少球落的次数。

【练习4】2人对顶球

2人相距5米左右，争取连续多次用头顶球技术传球；随着熟练程度的提高，可适当增加2人之间的距离。

【练习5】头顶手抛球射门

辅助球员在球门柱附近向点球点附近进行手抛球；另一名球员从大禁区线附近出发，在跑动中迎球并将球顶向球门。要求球员根据实际情况运用各种头顶球技术，并对出现的失误进行分析和总结。

【练习6】头顶球射门

辅助球员在距球门柱15米左右的底线附近向点球点附近传高球；另一名球员从大禁区线附近出发，在跑动中迎球并将球顶向球门。要求球员根据实际情况运用各种头顶球技术，并对出现的失误进行分析和总结。

【练习7】争顶

辅助球员在距球门柱15米左右的底线附近向点球点附近传高球；另外2人（1人防守，另1人进攻）从大禁区线附近出发，在跑动中争顶头球，争取将球顶进球门或阻止球进门。

【练习8】鱼跃头顶球

利用海绵垫或沙坑进行鱼跃落地的动作练习；待较好地掌握落地动作后，一人抛球，另一人进行鱼跃头顶球练习。

第三节　守门员技术

在一支足球队中，守门员扮演着重要的角色，他的主要职责是在比赛中用手、脚及身体的其他部位阻止对方球员将球攻入己方球门。另外，在由守转攻时，守门员还可利用快速、准确的传球组织全队发动进攻。因此，守门员技术即守门员为确保己方球门安全及在得球后发动进攻时采用的动作方法总称。

一、守门员技术动作分析

守门员技术包含多种技术要素，可大致分为以下5个部分：

（一）观察与判断

观察是守门员防守的第一步。守门员要始终以比赛的进展情况为主线，观察场上攻守双方球员的位置变化。在观察的基础上，要根据比赛的进展情况和对手的跑位判断对手的进攻指向。守门员还要通过观察球的运行状况判断球的运行路线、速度、落点等，从心理上做好防守的准备。

（二）移动与选位

为了截获对手的传球和射门，并处理好本方球员的回传球，守门员要根据比赛的进展情况进行相应的移动和选位。如对手射门时，守门员应迅速移动至球与球门线中点的连线上；对手运球突破或近射时，守门员应及时出击前迎，以便缩小射门角度或扑脚下球；对手远射时，守门员可适当靠前站位，但要防备对手吊射。

（三）准备姿势

准备姿势指守门员在做出防守动作前的身体姿态。其动作是双脚左右平行开立，与肩同宽，双腿微屈；上体略前倾，身体重心落在双脚脚掌上；双臂在体前自然屈伸，使身体处于“一触即发”的状态。

（四）扑救动作

扑救动作指守门员对对手的进攻做出的应答性反应行为，它主要包括出击防守和球门区防守两种。出击防守指守门员对对手的传中或运球突破做出的防守动作，而球门区防守指守门员对对手的射门做出的防守动作。在出击防守和球门区防守中，守门员可根据实际情况选用接球、扑球、托球、击球等动作。

（五）进攻发起

进攻发起指守门员在持球时通过手抛球、球门球等发球技术直接参与发动进攻的行为。在小场地足球比赛中，由于场地空间小、参与人员少，守门员一次精准的传球就可能直接造成极具威胁性的进攻，甚至得分。在特殊情况下，守门员会被纳入小场地足球的进攻阵型中，充当进攻球员，如五人制足球比赛中的“5 — 0”战术。

二、守门员技术动作要领与错误纠正

在足球比赛中，守门员的有球技术主要包括接球、扑球、击球、托球、发球等。

（一）接球的技术动作要领与错误动作纠正

接球是守门员技术中最重要的部分，是守门员必须熟练掌握的基本技术。按照接球位置，接球可被分为上手接球和下手接球。

1. 上手接球的技术动作要领

（1）根据球的运行轨迹判断球的落点，并迅速移动至落点附近。

（2）面对来球，利用移动顺势起跳；双臂充分上伸迎球，双手拇指相对，呈“八”字形，其余四指微屈，手掌正对来球。

（3）在最高点以手触球的瞬间，手臂做引撤动作缓冲来球速度，并顺势转腕屈臂、下引将球抱于胸前。（见图2–44、图2–45）

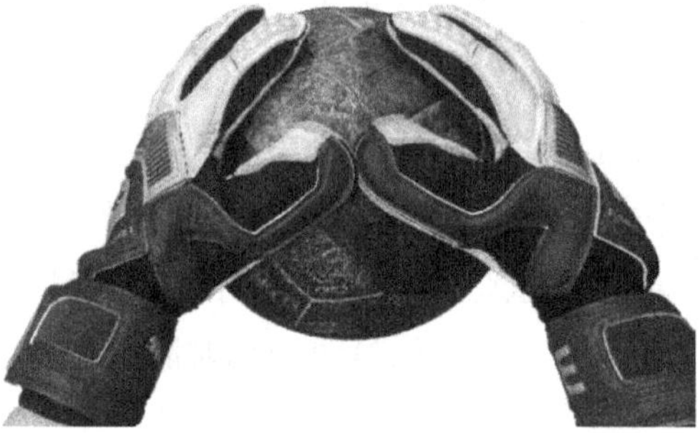

图 2–44

图 2-45

2. **下手接球的技术动作要领**

下手接球适用于接地滚球、低平球、低弧度的反弹球和高弧度的下落球。接球的基本姿势有跪式、俯背式和站立式3种。要领如下：

（1）身体正对来球，上体稍前屈；双臂并肘前迎，双手靠近，呈簸箕状。

（2）手掌触球的瞬间，双臂随球后引屈曲、屈腕、靠近，将球抱于胸前。（见图2-46）

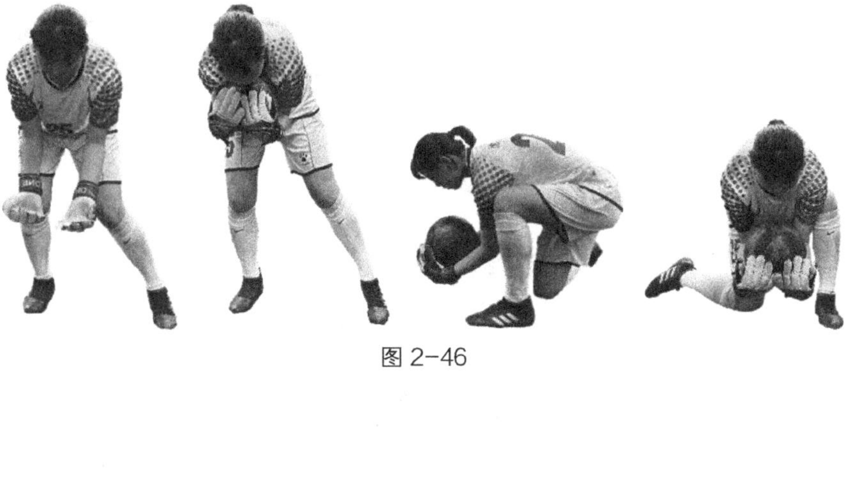

图 2-46

3. 接球易犯错误及纠正

（1）易犯错误

①引撤时机不佳，出现接球不稳现象。

②手型过小或过大，出现接球不稳、漏接现象。

（2）纠正方法

①在接球练习过程中，守门员要在手触球的瞬间做引撤动作，且引撤速度要与球速相当。

②接球时，除了要保持双手呈簸箕状，手指还要充分张开。

（二）扑球的技术动作要领与错误动作纠正

1. 倒地侧扑的技术动作要领

（1）扑球时，屈膝降低重心，向扑球方向跨出一步；身体顺势侧倒，小腿、大腿、臀部、上体和手臂依次着地。

（2）在身体侧倒的同时，双手迅速向来球方向伸出，一只手置于球后，另一只手置于球的侧后上方。

（3）手触球时，手指和手腕用力，以屈肘、扣腕的连续动作将球抱于胸前，同时屈膝团身。（见图2-47）

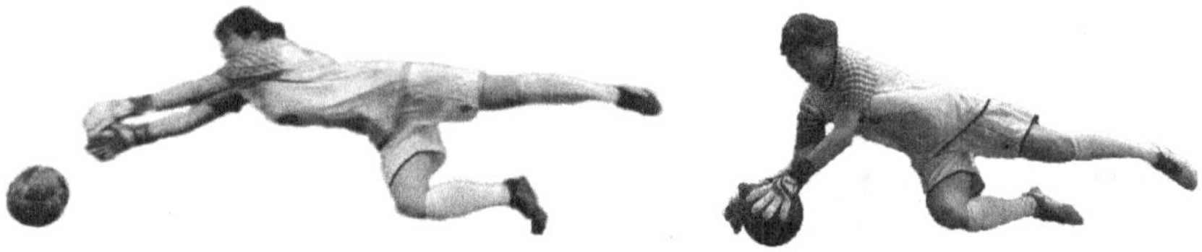

图 2-47

2. 跃起侧扑的技术动作要领

（1）身体重心移向靠近来球一侧的脚上，该脚用力蹬地，使身体向侧面跃起；同时双臂充分展开接住来球，双手靠近，手指自然张开，手掌正对来球。

（2）当手触到球时，以扣腕动作将球接住。

（3）双手接球，前臂、肘、肩部、上体侧面和下肢依次着地，同时双臂屈曲、转腕，将球抱于胸前，并屈膝团身。（见图2–48）

图 2–48

3. 扑球易犯错误及纠正

（1）易犯错误

①扑球时手形不准确，出现抓球不稳的现象。

②扑球时身体各部位落地顺序不对，动作不协调。

（2）纠正方法

①做侧扑固定球练习，接球时要注意手形。

②做原地手持球倒地练习，体会身体各部位的落地顺序。

（三）击球的技术动作要领与错误动作纠正

1. 击球的技术动作要领

（1）根据来球情况判断球的运行路线，并及时移动到位。

（2）在球接近的瞬间握拳并迅速出拳击球。

（3）可根据来球情况或自己的位置选择单拳或双拳击球。

（4）击球后注意落地缓冲。（见图2–49）

图 2-49

2. 击球易犯错误及纠正

（1）易犯错误

击球力量过小，效果不佳。

（2）纠正方法

做练习时，腰腹部用力，肘关节由屈到伸，速度要快。

（四）托球的技术动作要领与错误动作纠正

1. 托球的技术动作要领

（1）明确了来球运行路线后，身体向后跃起，弓背，单臂迅速伸出，手掌正对来球。

（2）触球时手指微张，手掌向外翻转，用手掌前部触球的下部，使球改变运行轨迹，呈弧线越过球门横梁。（见图2-50）

图 2-50

2. **托球易犯错误及纠正**

（1）易犯错误

①手触球部位不准确。

②托球用力方向不对。

（2）纠正方法

①自己抛球，练习托球，注意用手掌前部触球。

②在练习过程中强调向后上方用力。

（五）发球的技术动作要领与错误动作纠正

守门员发球技术分为踢发球技术和掷发球技术，小场地足球比赛中守门员常采用的发球方式是手掷发球和踢地滚球。

1. **踢发球的技术动作要领**

在足球运动中，守门员常用的踢发球方法有踢定位球、踢高抛球、踢反弹球等。但在小场地足球运动中，守门员因场地和规则（五人制）限制，在发球环节不使用踢高抛球技术和踢反弹球技术，在此不做介绍。守门员常运用脚内侧踢球技术和脚背内侧踢球技术发球，其动作要领详见前面章节踢球技术动作要领。

2. 低手掷球的技术动作要领与错误动作纠正

（1）双脚前后开立，双腿稍屈曲，掷球后撤引球；身体随之侧转，重心移到后面的脚上。

（2）掷球时，利用后面的脚蹬地、转体、送臂和甩腕的力量将球掷向预定的目标。（见图2–51）

图 2–51

（3）易犯错误

①手腕后屈，力量无法作用在球上，导致脱手。

②球被抛出后剧烈弹跳。

（4）纠正方法

①固定手腕角度，练习手掌与前臂下部同时夹球。

②降低重心，练习出手角度，使球的运行轨迹与地面平行。

3. 肩上掷球的技术动作要领与错误动作纠正

（1）双脚前后开立，双腿稍屈曲；屈臂单手将球置于肩上。

（2）掷球时，持球手臂后引，身体随之侧转，重心移到后面的脚上；同时，后面的脚向后蹬地，利用转体、挥臂和甩腕的力量将球掷向预定的目标。（见图2–52）

图 2-52

（3）易犯错误

①手抛球达不到所需的距离。

②手腕后屈，力量无法作用在球上，导致脱手。

（4）纠正方法

①加强手臂的力量练习；做抛球练习时，向指定点抛球。

②固定手腕角度，强调肩关节发力及推球动作。

4. 勾手掷球的技术动作要领与错误动作纠正

（1）双脚前后开立，身体侧对出球方向；单手持球后引，手臂微屈，同时重心移到后面的脚上。

（2）掷球时，后面的脚用力向后蹬地，同时转体，重心由后面的脚移向前面的脚；当持球手臂由后经体侧沿弧线摆至肩上时，手指和手腕用力将球掷向预定的目标。（见图2-53）

图 2-53

（3）易犯错误

①手抛球达不到所需的距离。

②手腕后屈，力量无法作用在球上，导致脱手。

（4）纠正方法

①练习时强调蹬地转体发力，避免手臂单一发力。

②固定手腕角度，练习手掌与前臂下部同时夹球。

三、练习方法示例

【练习 1】接球练习

以各种姿势接同伴抛来或踢来的各种地滚球、平直球和高空球。开始阶段要注意体会动作要领；随着熟练程度的提高，逐步增加球速和力量。

【练习 2】对墙踢接球练习

运用各种脚法将球踢向足球墙，然后以各种姿势将球接住。

【练习 3】射门与接球的组合练习

同伴在点球点向守门员附近踢地滚球或半高球，要求守门员运用各种接球技术将球接住。

【练习4】扑球动作模仿练习

双手举球跪在地上，然后腿、手臂依次着地侧倒，做扑地滚球的模仿练习。

【练习5】扑手抛球练习

在海绵垫、沙坑或草地上扑接同伴的手抛球。

【练习6】射门与扑球的组合练习

同伴在大禁区线附近向守门员两侧射门，要求守门员运用各种扑球技术将球扑住。

【练习7】托、击球模仿练习

助跑起跳，做托、击球的模仿练习。

【练习8】射门与托、击球的组合练习

同伴在大禁区线附近向球门吊球，要求守门员运用托、击球的方法防守。

第三章

小场地足球运动战术分析与教学训练应用

第一节　三人制足球战术

一、攻防战术教学与应用

由于人数和场地因素，三人制足球的攻防战术与五人制、七人制、十一人制相比显得简洁，其整体战术更像另几种的局部战术。三人制足球的攻防战术也有自己的特色，尤其对“全攻全守”战术有了更为完美的诠释。进攻时，进攻方三人都要参与进攻，他们甚至都被要求扮演前锋的角色；防守时，防守方三人都要参与防守，且都要扮演后卫的角色。

三人制足球的攻防战术无非就是1人的、2人的、3人的，但由于场地尺寸小，要求技战术更加细腻、精准。因此，在三人制足球比赛中，要发挥较高的技战术水平，就要经过严格而又完整的攻防战术教学与训练。

（一）以进攻战术为主的教学与训练

1. 个人进攻战术教学与训练

（1）个人运控球教学与训练

①一对一

在三人制足球比赛中，由于参赛人数少，当一人控球时，其他两名无球队友经常被防死，造成控球球员没有传球点。此时就要求控球球员有很强的运控球能力。另外，三人制比赛中经常会出现一对一的进攻，进攻球员摆脱防守人就可以进行射门，个人进攻能力的高低常常决定比赛走势。因此，在教学与训练中对个人进攻能力的培养就显得尤为重要。

【练习1】一对一护球与破坏练习

练习目的：

本练习主要训练球员在有球的情况下运用身体掩护、卡位、双脚的配合、预判等技术，提高球员在对抗中保护球的能力，从而达到在实战中控制球权的目的。

练习方法：

将球放在场地，使之不动；两人一组，一人用身体保护住球，使球始终在自己的控制范围内，另一人通过假动作，以及转身、摆脱、偷袭等合理的足球对抗动作，力争踢到球或将球运行的路线破坏。（见图3-1）

图3-1

注意事项：

护球的球员不能触碰球，只能通过降低重心、卡位、封挡等合理的动作把对手顶出能踢到球的范围；双方必须运用合理的足球对抗动作，推、拉、拽等都不允许。

【练习2】限定区域内的一对一抢断球练习

练习目的：

本练习主要训练球员在有球的情况下运用脚下技术，通过假动作、转身、速度来摆脱防守人，从而使球员在三人制足球比赛中面对对方紧迫的防守有突破防守和创造传球或射门机会的能力。

练习方法：

在长30米、宽20米的场区内两人一组，一人持球，一人防守。持球球员运用脚下技术，通过假动作、转身、速度来摆脱防守人；而防守球员要尽力去破坏自己防守的球员的脚下球。持球球员保证自己所控的球不被断抢且不出界达到2分钟，即为持球方胜利；反之则防守球员获胜。5组球员同时练习。（见图3–2）

图3–2

注意事项：

持球球员要尽量通过假动作、转身、速度来摆脱防守人，不可一味地使用身体掩护。

【练习3】一对一进攻加射门练习

练习目的：

本练习主要培养球员一对一正面突破射门的能力，提高球员在出现一对一局面时的决策能力，以及在丢球后迅速转入防守的能力。

练习方法：

在15米×5米场区的两端分别设置1米宽的球门。两人一组，一攻一守，进攻球员持球于本方球门前发动进攻，防守球员逼抢防守。进攻球员设法摆脱射门得分，若防守球员防守成功，则攻防角色互换。（见图3-3）

图3-3

注意事项：

双方球员要注意观察对手的重心。进攻球员应不断进行变向、变速，以达到摆脱防守人的目的，角色互换后双方应迅速进入状态。

②二对一

三人制足球比赛中也经常出现持球球员同时被两名防守方球员防守的情况。此时，持球球员就处于一个比较不利的环境，对持球球员的控球能力提出了更高的要求。但同时，进攻方会出现一个无人防守的传球点，只要持球球员能将球控制并完成传球，就可以创造很好的得分机会。

【练习】限定区域内二抢一练习

练习目的：

本练习主要培养有球球员在激烈的两人包夹之下运用自己的身体掩护、速度、假动作等技术来创造射门或有效的传球机会，提高有球球员在被包夹防守的情况下合理利用技术，并创造得分或传球机会的能力。

练习方法：

在8米×8米的场区内三人一组，一人运控球，两人抢球。控球球员一旦失球，即与另一个无球球员组成新的防守组合，得球球员则进行运控球。（见图3-4）

图 3-4

注意事项：

持球球员应充分利用场地的宽度，盘带，使自己处在一个安全的区域。注意观察两个防守球员之间空当，利用假动作、控运球技术、速度来摆脱防守。防守球员应注意两者配合，要有明确的站位和分工，并把握上抢时机。

（2）传球与跑位教学与训练

①传球

三人制足球比赛由于场地小，球员多采用地面传球。在一人持球的情况下，只有两个传球点，因此，球员更应注重传球练习。三人制足球比赛对球员的传球力度、空当观察、时机把握和传球准确性都有极高的要求。

【练习1】两人相距一定距离传地滚球练习

练习目的：

本练习主要培养球员传球的准确性。

练习方法：

两人一组，相向而站，相距10米。在两名球员之间的中点位置横向摆放两个相距50厘米的标志桶。两名球员相互传球，要使球从两个标志桶之间经过，且不与之触碰（见图3–5）。当球员能够顺畅地完成此练习时，可加大训练难度：将两名球员之间的距离增加到15米，且在两人之间增加一组标志桶。（见图3–6）

图 3–5

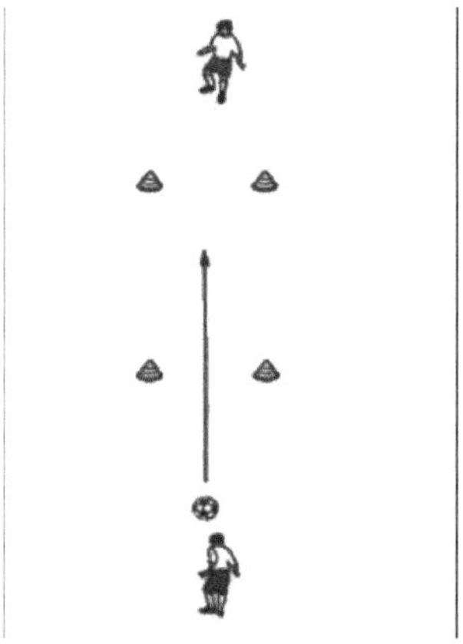

图 3–6

注意事项：

球员在传球时，要抬头观察接球球员与标志桶的位置。球员要做到接球和传球动作连贯，在保证传球准确性的同时，尽量避免脚下多余的动作。

【练习2】限定区域内一防二传球练习

练习目的：

本练习主要培养持球球员在有防守的情况下完成高质量传球的能力，提高球员传球的准确性。

练习方法：

在15米×10米的场区内，两名球员在有一名防守球员的情况下进行传球，两名传球球员每次触球不得多于三脚。两名传球球员中出现失误或犯规者要及时转换为防守球员，原防守球员则参与传球。一组练习时间为5分钟。（见图3–7）

图3–7

注意事项：

传球球员要注意观察接球者和防守者的位置；而接球者要通过自己的跑动来创造传球空当，而且接球尽量结合摆脱，并在少触球的情况下传出高质量的球；防守者要积极干预，可以逼抢，也可以封堵传球路线。

②跑位

三人制足球比赛传球点较少，无球球员需要通过跑位摆脱或吸引防守，为持球球员创造出传球或射门的空当。因此，一方进攻时，除持球球员以外的两名无球球员的跑动往往成为比赛胜负的关键。

【练习】限定区域三对三对抗练习

练习目的：

本练习主要培养无球球员通过观察和判断进行有效跑位的能力。

练习方法：

在10米×10米的场区内进行三对三以传导球为目的，无进攻方向的对抗练习。当控球方失去球权后，攻守双方互换角色。（见图3-8）

图 3-8

注意事项：

控球方的无球球员要观察队友及对方球员的位置，积极跑动，创造出传球空当，或牵制防守球员，为本方持球球员创造控球空间。

（3）射门教学与训练

在三人制足球比赛中，球员没有明确的位置分工和角色定位，每个人都参与进攻并有可能获得射门得分的机会。因此射门对于三人制球员也是至关重要的一项技术。

【练习1】运球躲闪标志桶射门练习

练习目的：

本练习主要培养球员摆脱与射门结合的能力，同时增强持球球员在面对一对一防守时射门得分的能力。

练习方法：

在距球门正面7米的位置摆放一个标志桶，球员在距离球门15米处开始运球；当面对标志桶时，球员需做摆脱突破动作，并射门。（见图3-9）

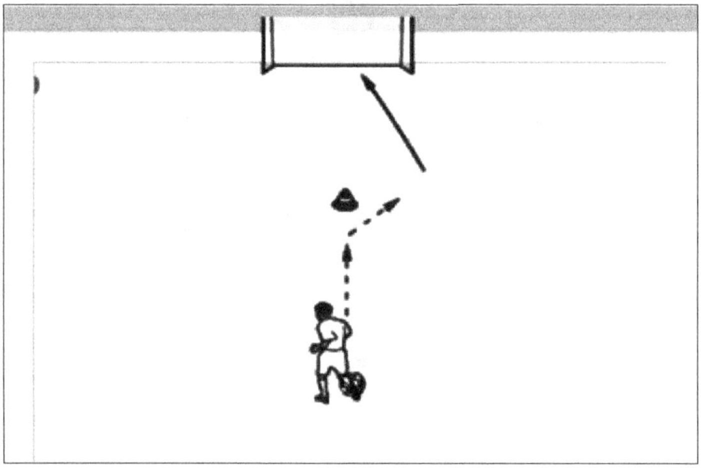

图3-9

进阶练习：

可将标志桶换成真正的防守球员，增加难度。为了使练习更加顺畅，防守球员可在练习初期适当地消极防守，然后随着球员对练习的掌握程度的提高来加大防守强度。（见图3-10）

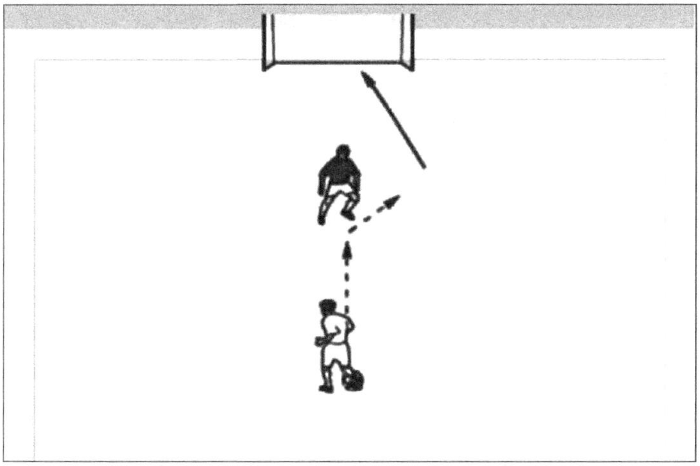

图 3-10

注意事项：

球员要迅速将摆脱与射门结合起来，摆脱完成后随即射门。摆脱动作要易于与射门动作衔接。

【练习2】二对二门前抢点射门练习

练习目的：

本练习主要培养球员门前抢点射门的能力，球员要判断传球者的传球路线或通过自己跑位引领传球者传球，达到球门前抢点射门的目的。

练习方法：

一名辅助球员在角球区向球门前传球，另外两名进攻球员则埋伏在球门附近，两名防守球员在球门附近进行防守。抢点的两名进攻球员可以利用自己的跑位来扯动防守球员，并对传球者进行暗示，进行有效的传跑结合，完成射门。（见图3-11）

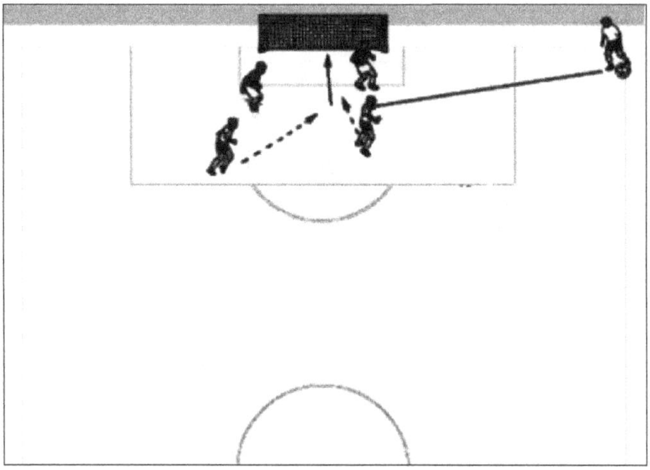

图 3-11

注意事项：

第一，抢点的两名进攻球员要不断跑位，创造出好的传球点。第二，抢点球员要与传球球员进行交流。第三，防守球员要注意观察进攻球员的位置和跑动路线，人球兼顾。

2. 两到三人配合进攻战术教学与训练

三人制足球比赛受场上人数的限制，比赛中涉及的配合也仅限于两到三人的配合。因此，熟练掌握各种两到三人战术配合就成为比赛胜负的关键。三人制比赛中常用的战术配合有二过一进攻、传切配合和交叉掩护配合。

（1）二过一进攻教学与训练

【练习 1】斜传直插与直传斜插练习

练习目的：

本练习主要培养球员的传跑意识，通过与队友的配合突破防守；同时提高球员把握传球、跑动时机的能力及战术使用的决策能力。

练习方法：

斜传直插式：三人一组，两人进攻，一人防守。持球球员将球传给队

友，并迅速直插防守球员的身后，接队友的斜传球。三人轮换练习。（见图3-12）

图 3-12

直传斜插式：练习方式同斜传直插式，只是传球为直传，跑动为斜向跑动。（见图3-13）

图 3-13

注意事项：

传球者和跑位者都要观察队友及防守人的位置，掌握传球和跑动的时机。直插或斜插球员进行摆脱要突然、迅速，尽量做到球到人到。练习初始阶段，防守球员可先采取消极防守；待熟练掌握此练习时，逐渐加大防守强度。

【练习2】踢墙式二过一练习

练习目的：

本练习主要培养球员一脚出球的能力及对局部区域的观察能力。

练习方法：

三人一组，两人进攻，一人防守。持球球员运球接近防守球员，并将球运向远离队友的一侧，吸引防守球员移动，在对方防守球员扑抢前将球传给队友，并迅速切入防守球员身后；队友不停球将球传到防守球员身后，插上球员接球。三人轮换练习。（见图3–14）

图 3–14

注意事项：

持球球员接近防守球员进行传球时，要掌握好距离。距对方防守球员太远，容易造成对方防守球员识破传球意图；距对方防守球员太近，则容易被抢断。尽量选择地面传球，并且传球要准确。队友做为“墙”，要一脚出球。练习初始阶段，防守球员可先采取消极防守；待熟练掌握此练习时，逐渐加大防守强度。

（2）传切配合教学与训练

传切配合分为局部传切配合和长传转移传切配合。根据三人制足球的特点，显然长传转移传切配合不适用于三人制足球。局部传切配合可分为直传斜切（见图3–15）和斜传直切（见图3–16），其练习方法与直传斜插和斜传直插类似。

图 3–15

图 3–16

（3）交叉掩护配合教学与训练

【练习】运球交叉跑练习

练习目的：

本练习主要使球员熟练掌握交叉掩护配合的跑动路线，与队友默契配合，为实际运用打下基础。

练习方法：

在20米×10米的场区内两人一组，相距10米，一人持球。练习开始后，持球球员向无球球员斜前方运球，无球球员从其身后向斜前方跑动。持球球员向无球球员跑动方向传球，无球球员接球后运球调整，然后与原持球球员一样做运球交叉。重复练习。（见图3–17）

图 3-17

注意事项：

持球球员要先启动，无球球员要观察持球球员。持球球员要在与无球跑动球员重叠时将球传出。传球时要稍向前传，避免传到队友脚下或身后。

（二）以防守战术为主的教学与训练

1. 个人防守战术教学与训练

三人制足球比赛中多出现一对一防守，个人的防守能力决定着整体的防守水平，个人防守战术是整体防守战术的基础。个人防守战术包括选位、盯人、断球、抢球等环节。

（1）选位、盯人教学与训练

三人制足球比赛受场地及场上人数的限制，在防守中无论是选位还是盯人，能做的选择相对少；同时因为场地小，进攻方威胁球门所需时间短。因此，一旦选位或盯人失误，让对手出现短暂的以多打少局面，就可能直接造成失球。在三人制防守教学与训练中，要不断强调正确选位和盯人的重要性。

【练习】限定区域内二对三选位与盯人练习

练习目的：

本练习主要培养防守球员根据场上各控球球员的位置选择自己的防守

位置和防守对象的意识，增强防守球员的场上观察能力、判断能力，以及采取有效防守的能力。

练习方法：

在20米×15米的场区内将球员分成两组，五人一组，每队两名球员，一名中间人，中间人始终与控球方一队。防守方不得去抢控球方球员的脚下球，而持球球员必须在接球后的10秒内出球，防守方球员通过自己的选位和盯人封堵传球路线。如果由于控球方的失误导致球出界，或因为10秒内没有出球，以及10秒内传球被防守球员截断，就转换球权。（见图3–18）

图 3–18

注意事项：

防守球员要时刻观察另外两名无球球员，尽量与自己的防守对象保持有效防守距离，随时准备封堵传球路线；也可故意露出传球空当，当持球球员传球时，立刻向上断截。而控球方的无球球员要积极跑动，为队友创造传球空间。

（2）抢断球教学与训练

抢断是足球比赛中获得球权的重要途径，也是破坏对手进攻的有效方法。在三人制足球比赛中，要慎重选择采用抢断球技术，保证抢断的成功率；否则会给对手造成以多打少的机会，使本方球门受到威胁。

【练习】限定区域内三对三抢截练习

练习目的：

本练习主要培养防守球员对持球球员的抢截能力，以及对持球球员传球路线的判断、上抢能力。

练习方法：

6人一组，在20米×20米的场区内进行三对三无进攻方向的抢截练习。练习时要采用“一盯一”的防守方式，不得帮助队友包夹或协防，不得与队友换防。球权转换后，攻防角色互换。练习时长视球员体能情况而定。（见图3–19）

图 3–19

注意事项：

每名防守球员只得防守自己的防守对象，不得与队友换防，但可以判断传球路线，进行抢断。强调防守的强度和成功率，不让持球球员轻松运球、传球。可限定成功传球一定次数即得分。

2. 两到三人防守战术教学与训练

三人制足球比赛采取的配合防守类似于十一人制中的局部防守。两到三人的配合防守的形式主要有逼抢、保护、补位、围抢等。在三人制足球比赛中，3个人承担着全部的防守重任，因此，3个人之间的防守战术执行要高度统一。这就要求教师或教练员在教学或训练中加强球员的防守战术配合练习，使球员熟练掌握各种防守战术配合。

（1）逼抢、保护教学与训练

在足球比赛中，保护往往与逼抢配合使用。在一名防守球员上抢时，其队友在兼顾自己的防守对象的同时，还要选择恰当的位置给予上抢队友行动和心理上的支持，防止对手突破防线。

【练习】二抢一射门练习

练习目的：

本练习主要培养两人防守的逼抢与保护的配合能力，增强防守球员保护队友的位置感和距离感。

练习方法：

在15米×8米的场区内，在两底线处分别摆放两个相距1米的标志桶，构成球门。3人一组，1人进攻，2人防守。进攻球员从场地中间开始向任意一侧球门持球进攻。两名防守球员一名逼抢，另一名只被允许在其身后采取保护，不得上前进行围抢。进攻球员将球打进该侧球门即为胜利，还继续由该球员进攻。当进攻球员被抢断后，则由断球成功的球员进攻，原进攻球员立刻配合另一名防守球员转入防守，新的控球球员只能选择距获得球权地较远的一侧球门进攻，将球打进，方为胜利。（见图3–20）

图 3-20

注意事项：

在本练习中，保护球员不得采用围抢策略，要观察队友的逼抢形式及持球球员的动作。负责逼抢的球员要提高防守强度，力求让持球球员产生失误。二者的防守配合要统一。

（2）补位教学与训练

三人制足球的防守一般采取1—2人防守，阵形呈弧状。当边路被突破，中路球员要立刻补位；而被突破的球员要立刻对空缺的中后卫位置进行补位。由于三人制足球攻防转换速度快，补位会频繁发生。因此，在教学与训练中要增强球员的补位意识。而培养补位意识的最好方法就是比赛练习法，可以进行半场三对三攻防练习，也可以直接进行三对三全场模拟比赛练习。

注意事项：

①不要滥用补位，在防守球员追得上防守对象时，一般不要进行补位或换防。

②相邻球员进行补位时，不要牵动距离远的球员，避免防守阵形混乱。

（3）围抢教学与训练

在三人制足球比赛中，防守球员要在时机成熟，能够确保抢断成功率的情况下才可以使用围抢战术。因为一旦围抢失败，让对手运球摆脱或形成传球，就会出现二打一、三打一，甚至三打零的情况。一旦围抢失败，应立即回防，甚至可以采用犯规战术来破坏对手的进攻。围抢的练习可以采用三抢二的方式进行，鼓励球员在练习中采用围抢战术。

注意事项：

①防守球员要思想统一，离持球球员要近。

②抓住时机，在持球球员尚未完全控制好球时进行围抢。

③球员围抢时要默契，尽量做到行动统一。

二、定位球战术

在三人制足球比赛中，定位球战术包括开球、球门球、踢界外球、任意球、角球、罚球点球等。定位球是一种重要的得分手段，是决定比赛胜负重要的组成部分。因此，在教学和训练中有必要对定位球攻防战术进行专门训练。

（一）开球战术

开球战术配合一般有两种：一种是常规的，横传或回传给队友，很好地控制球权。另一种是在对手思想不够集中、站位不恰当、防守有漏洞时采用前传突袭的方法，迅速压上，使对手措手不及。而防守方防守开球时，球员应思想集中，选好防守位置，防止对手突袭。

（二）球门球战术

1. 球门球进攻战术

球门球的进攻战术一般有两种：一种是常规战术。发球人采用短传将球传给无人防守的接应队友，然后通过层层推进组织进攻。另一种是发球人通过中长传发起进攻。这种配合方式要求发球人具备敏锐的观察能力，能够及时发现对手的防守漏洞，迅速发球，且要保证传球的准确性；还要在失去球权后立刻采取有效的防守措施。

【练习】长传发动进攻练习

练习目的：

本练习主要培养球员的长传球能力及接长传球转身打门的能力。

练习方法：

场地为三人制足球场。两人一组；一名球员采用长传发球门球，找在对方半场的球员，另一名球员接球后转身打门。（见图3–21）

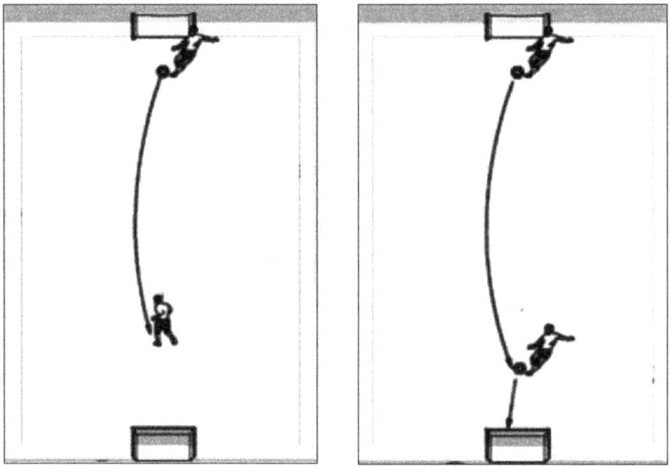

图 3–21

注意事项：

注意控制传球的力度和高度。接球者要做到接球转身、调整射门动作连贯。

2. 球门球防守战术

防守球员要及时回到防守位置，并盯住对手。对手采用长传进攻时，要严密控制，争夺落点；对手采用中短传进攻时，守方的前场球员要上前干扰，伺机抢断球。

（三）踢界外球战术

三人制足球比赛中，踢界外球不能直接打门，要根据发球点和对方球门之间的距离做出合理的配合。踢界外球有两个主要的目的：一是进行一次能够射门得分的尝试，二是确保对球的控制。这些目标的实现均与发球点距离对方球门的位置、防守球员的位置及队友的位置，还有主罚球员对场上局势的分析能力有很大关系。

防守方球员要根据进攻方球员的站位、罚球点的位置及竞赛规则来选择自己的站位。首先，要确定不漏人，跟住进攻方球员。其次，判断进攻方要采取的配合方式，并采用相应的防守策略。

（四）任意球战术

三人制足球比赛中，任意球与踢界外球的区别在于任意球可直接射门。后场的任意球一般采用短传，层层推进组织进攻，也可以长传找队友。对在对方球门区附近的任意球，则可以直接射门。根据规则，防守球员要距离球3米，因此罚球球员就有空当打门；而其他的进攻球员要扯动防守人，为罚球球员创造更大的射门空当。

对于任意球的防守，尤其是那些可以直接打门的任意球防守，防守球员除了站好人墙、封堵罚球路线外，还要加强对第二点的保护。

（五）角球战术

三人制足球的角球战术一般有三种：第一种是将球传向球门区，形成抢点射门；第二种是将球传向球门区外，寻找外围射门机会；第三种是将球传给接应的队友，控制球权，通过传球寻找二次进攻机会。

对于防守方球员，首先要封堵传向球门区的球，而且要跟紧无球跑动的进攻方球员，其次要防止球门区外的球员接球射门，应注意扩大防守区域，干扰接球。

（六）罚球点球战术

三人制足球的点球点是球场的中点，即开球点。罚点球时，球必须从空中直接进门，击中球门横梁或立柱后进入也可；但球在进门前绝对不能接触地面，否则进球无效。球场的中点距离球门10 — 17.5米；球门的高度为1.0米，宽度为1.6米。这些条件要求罚球者必须有精确的脚法，因此教练员要加强对球员这方面的训练。主罚球员要保持冷静，并规范自己的罚球动作，控制好力度、高度，将球打进。

第二节　四人制挡板足球战术

四人制挡板足球与其他类型足球最大的区别就是拥有挡板，抛开挡板，四人制足球的攻防战术，尤其是个人攻防战术与三人制没什么区别。因此本节主要介绍与挡板有关的攻防战术及定位球战术。

一、攻防战术教学与应用

（一）进攻战术教学与训练

1. 单人与挡板配合的进攻战术教学与训练

由于挡板的存在，球员可以利用挡板的反弹摆脱防守人或传球给队友。挡板就好似一脚出球的队友。利用挡板时，要控制好球的力度、球的路线与挡板的角度、球的旋转等因素。在练习中，球员要通过反复的训练准确掌握利用挡板的各种技术和技巧。

【练习1】利用挡板摆脱防守人射门练习

练习目的：

本练习主要培养球员利用挡板摆脱防守人的能力，增强球员利用挡板的意识，提高球员运球与射门衔接的能力。

练习方法：

两人一组，一人运球进攻，一人防守；进攻球员利用挡板反弹摆脱防守人，并衔接射门。每人练习5次后交换。（见图3–22）

图 3-22

注意事项：

（1）进攻球员要判断反弹后球的路线，并积极跑动，获得球权。

（2）防守球员在练习初期可采取消极防守。

（3）进攻球员要将接球与射门顺畅衔接。

【练习 2】利用挡板传球练习

练习目的：

本练习主要提高持球球员在正常传球路线被封死后，通过挡板反弹传球给队友的能力。

练习方法：

三人一组，一人防守，另外两名球员利用挡板来回传球。练习 10 次后交换。（见图 3-23）

图 3-23

注意事项：

（1）传球人要观察队友的位置，掌握好传球的角度。

（2）防守人可对正常传球线路进行干扰，不上抢。

【练习3】利用挡板反弹射门练习

练习目的：

本练习主要提高进攻球员在其射门路线被封堵的情况下，利用挡板反弹射门的能力。

练习方法：

10人一组，每人持球排成纵队，控球球员利用挡板反弹将球射向球门；完成练习的球员排到队尾，准备下一次练习。（见图3-24）

图 3-24

注意事项：

球员注意控制球的运行路线，并且在下一次练习时对失败的射门进行调整。

2. 多人与挡板配合的进攻配合战术教学与训练

挡板增加了进攻配合的多样性，球员可以利用挡板来助攻球门前包抄射门的队友，也可以利用挡板来进行二过一配合。在比赛中，如果能够充分发挥挡板的作用，将给球队带来很多取胜的机会。

【练习1】三对一，利用侧面挡板反弹边路传中练习

练习目的：

本练习培养球员利用挡板反弹传中，队友包抄射门的能力。

练习方法：

一名球员持球背对防守人，用球击打挡板，使它反弹至球门前，另外两名进攻球员抢点射门。（见图3-25）

图 3-25

注意事项：

（1）传球球员要注意传球角度，把握传球时机，增强传球的突然性。

（2）包抄射门球员要判断球的运行轨迹，通过自己跑动抢点射门。

【练习2】二对一，利用防守方底侧挡板反弹助攻射门练习

练习目的：

本练习主要培养球员利用底侧挡板接挡板反弹球直接射门的能力。

练习方法：

持球球员在防守人的防守下无法内切和直接传球，可用球击打底侧挡板，另一名进攻球员迎球直接射门。（见图3-26）

图 3-26

注意事项：

（1）传球球员要控制传球速度和角度，以便队友直接射门。

（2）防守球员封堵持球球员的内切或传球路线。

（3）接球球员要根据情况调整自己的位置。

（二）防守战术教学与训练

1. 单人与挡板配合的防守战术教学与训练

进攻方可将挡板看作队友，进行战术配合；防守方同样可以利用挡板来增强防守。在进行一对一防守时，防守球员可选择将持球球员逼向挡板，将挡板视作与自己一起围抢的队友，压迫进攻球员的活动空间，从而完成抢断。

【练习】限定区域内一对一抢球练习

练习目的：

本练习主要培养球员利用挡板压迫持球人活动空间的能力及抢断球的能力。

练习方法：

在限定的区域内，防守球员要尽量将持球人向挡板方向驱赶，缩小他们的活动空间，并将他们抢断。抢断后，角色互换。（见图3–27）

图 3–27

注意事项：

（1）进攻球员要利用场地空间，无法突破防守时，可选择用身体护住球。

（2）防守球员要积极拼抢，利用挡板压迫持球人，获得抢断机会。

2. 多人与挡板配合的防守战术教学与训练

在四人制足球比赛中进行多人防守配合，除了正常的围抢、补位、协防，还应注意对挡板反弹球的配合防守。

【练习】二对二抢断球练习

练习目的：

本练习主要提高防守球员对进攻方挡板反弹球的抢断能力。

练习方法：

在6米×6米的场区内四人一组，两人进攻，两人防守。持球球员只能利用挡板反弹与队友配合。防守球员一人上前逼抢；另一人则需判断反弹球路线，实施抢断。（见图3–28）

图 3-28

注意事项：

（1）持球球员要判断场上队友位置的变化，掌控好传球角度。接球球员要利用自己的跑动创造接球机会。

（2）防守球员要注意配合。上前逼抢的防守球员可利用假抢动作来迫使对手传球；另一名防守球员要选好自己的位置，判断球运行的轨迹，进行断抢。

二、定位球战术

由于四人制足球的中圈开球战术、球门球战术、角球战术等定位球战术与三人制基本一致，本部分只介绍任意球战术。四人制任意球战术最为显著的特点是对挡板的利用。

（一）直接射门战术

四人制足球场地的底线是挡板，因此射门时没必要考虑出界的因素。即使球没打进，也可以争抢底侧挡板反弹回来的球，形成二次或多次进攻。

（二）抢射底侧挡板反弹球战术

【练习】抢射底侧挡板反弹球练习

练习目的：

本练习主要提高罚球球员利用挡板助攻的能力，以及进攻球员射门的能力。

练习方法：

三人一组，一人罚球，另外两人射门。练习开始后，罚球球员故意将球踢向底侧挡板，埋伏在球门前的进攻球员接到反弹球后直接射门。（见图3-29）

图 3-29

注意事项：

（1）罚球球员要控制好球的角度、力度和旋转。

（2）射门球员要判断反弹球的路线，早做射门准备。

进阶练习：

可变换罚球位置，增加一到两名防守球员。

（三）抢射边侧挡板反弹球战术

【练习】抢射边侧挡板反弹球练习

练习目的：

本练习主要培养球员利用边侧挡板助攻、迎球抢点射门的能力。

练习方法：

三人一组。练习开始后，罚球球员以一定角度将球踢向边侧挡板，另外两名球员迎球抢点射门。（见图 3-30）

图 3-30

注意事项：

（1）罚球球员应根据抢点球员的位置选择踢球角度，保证传球的准确性。

（2）抢点射门球员要注意观察、跑动，随时调整位置，抢点射门。

第三节　五人制足球战术

一、比赛阵型

为了适应攻守战术的需要，各个球员在场上的位置排列和职责分工称为“比赛阵型”，它是比赛战术的重要组成部分。要根据本队的战术特点、球员的能力及对手的相应情况有选择、有针对性地调整比赛阵型。

通常我们听到的大都是十一人制足球的阵型，如4–4–2、5–3–1等。在五人制足球中，尽管人数较少，但球员也有相应的位置排列和职责分工；不过五人制足球中没有太过明确的位置界定，只有场上作用的侧重点。因场区大小和上场人数的限制，五人制足球比赛当中，场上每一位球员都要随时做好进攻和防守的准备，即全攻全守。所以，对球员来说，要有适应场上各个位置的能力。五人制足球对球员位置感的要求不像十一人制那么高，五人制球员之间相互补位意识却高出十一人制许多。

五人制足球阵型

1. **“1–2–1”阵型**

“1–2–1”阵型（见图3–31）在保持阵型平衡上难度较大，所以在一般比赛中使用得较少；但在对手收缩防守，采用“2–2”防守阵型时，可采用此阵型。

图 3–31

2. **“3–1”阵型**

“3–1”阵型指由3名主防球员和1名主攻球员组成的阵型。此阵型注重防守，但在进攻的时候主防球员可以压上助攻。“3–1”阵型实施难度较低，适用于刚组建的球队。（见图3–32）

图 3-32

3. "2-2" **阵型**

"2-2" 阵型由2名主防球员和2名主攻球员组成。这种阵型攻守比较平衡，2名主攻球员可以通过穿插跑动和换位接应起到扰乱对手防守体系的作用，为后面包抄上来的本方球员创造射门得分的机会。（见图3-33）

图 3-33

4. "1-3" **阵型**

"1-3" 阵型适用于本队比分落后且比赛即将结束时。本方后场的球员应具备较强的突破和得分能力；另外3名球员则靠近对方禁区准备接应攻门，或起到吸引对方防守的作用，给后场球员的突破创造空间和条件。（见图3-34）

图 3-34

5. “2-1-1” 阵型

此阵型最明显的特征是在中场安排1名球员。该球员在进攻时可以传球给前场球员或自己持球进攻；在防守时，他又是中场的一道屏障。但值得注意的是，在进攻时，该球员的站位是靠近边线的。（见图3-35）

图 3-35

6. “4–0” **阵型**

在过去，“4–0” 阵型一般被运用在由守转攻时，本方球员都处于后场区域时，整体推进。在进攻套路中，中路持球球员要尽快将球传至边路，以免在中路被对手抢断，形成射门。此阵型中，相邻位置的球员要相互策应，其他位置的球员可以根据情况向前跑动并转换成前锋的角色，利用对方后场的空当。（见图3–36）

图 3–36

7. “0–5” **阵型（超人战术）**

“0–5” 阵型是适用于比赛即将结束，场上比分是平局或者本方落后并急于反超、扳平比分的一种阵型。这种阵型的特点是守门员弃门出击，或者换上一名主攻球员在对方半场以多打少。但此阵型的风险也很大，一旦配合失误或回防不及时，对手就会得到空门得分的机会。（见图3–37）

图 3-37

二、个人攻防战术应用

个人攻防战术指在比赛中为了战胜对手和控制对手而采取的符合整体攻防目的的个人行动。个人攻防战术是构成局部和整体进攻战术的环节，也是整体攻防战术的基础，因此个人攻防战术水平的高低直接影响着局部和整体攻防战术的质量。

个人攻防战术包括个人进攻战术和个人防守战术。个人进攻战术包括传球、射门、运球突破、摆脱跑位等；个人防守战术包括选位和盯人、断球、抢球等。五人制足球攻防转换速度快且频繁，这就要求球员时刻做好由攻转守、由守转攻的准备。

（一）个人进攻战术应用

1. 运球突破

运球突破是冲出对手防线，创造以多打少局面的锐利武器，也是更好地创造射门和传球机会的有效手段。五人制足球由于场地小、人数少，一旦突破成功，创造得分机会的可能性将变得很大。

一般在下列情况下采用运球突破：

（1）控球球员在没有射门、传球的机会时，可选择突破对手，创造射门、传球的机会。

（2）控球球员在面对除对方守门员外的最后一名防守球员时，身边没有更好的接应点，可进行运球突破。

（3）控球球员在对手贴身紧逼，失去传球和射门的角度时，应采用运球突破摆脱防守。

（4）控球球员在面对防守能力较弱的防守球员时，可选择运球突破。

五人制足球中采用运球突破时应注意以下几点：

（1）突破时应审时度势，不要勉强。由于五人制足球攻防转换速度快、场地小，被对手断球会给本方球门带来极大的威胁。

（2）不可在本方后场滥用运球突破，以免造成回防不及时。

（3）一旦突破对手，应及时射门或与同伴进行传球配合。也就是说运球突破要有很明确的目的，并在成功后及时做出下一步动作。

2. 传球

传球是比赛中运用最多，也是最重要的技战术手段。在比赛中，传球有短传、中传和长传，有地滚球、平直球和高球，按进攻方向可分为直传、斜传和回传。由于五人制足球场地相对小，且多为硬质地面，所以多采用传地面球和脚下球。而高空长传球多用于本方后场直接发动进攻，传球时直接找到本方进攻球员。五人制比赛中对传球的准确性、力度要求较高。

为使传球达到预期的效果，主要应注意以下问题：

（1）培养良好的传球意识

首先要养成传球前抬头观察的习惯，扩大视野范围；明确传球的意图和目的，在此基础上准确传球；调整身体姿态，时刻做好传球准备。盲目地、匆忙地传球将很难达到传球目的。

（2）把握传球时机

把握恰当传球时机的能力与球员的传球战术意识有着密切的关联。球传早了，队友不易获球；球传晚了，不利于队友接球摆脱。恰当的传球时机即在时间和空间上有利于队友接球摆脱和及时处理球。

（3）隐藏传球意图

使传球具有隐蔽性是达到传球战术目的的重要前提。在比赛中应多采用直接传球、变向传球，结合假动作并运用多种传球脚法的变化来隐藏传球的意图和方向。

（4）提高传球准确性

要做到传球准确，就要恰到好处地控制并把握传球动作、传球脚法和传球力量。传球的力度、高度、方向、位置、旋转等都是决定传球准确性的重要因素，需要通过大量的练习来提升。

3. 射门

射门是一切进攻战术配合的最终目的，只有通过射门，才有机会进球。首先必须具备强烈的射门欲望。要在对手严密防守和紧逼拼抢的情况下有效地完成射门，必须善于抓住时机，选择合理的射门方法。准确、有力、突然、迅速是对射门的基本要求。五人制足球的球门相对小，守门员用身体几乎就可以挡住整个球门，因此，射门的难度会加大，这就对射门的准确性、突然性、迅速性提出了更高的要求。

（1）强烈的射门意识和欲望

在出现合理的射门机会时如不能果断选择射门，是对进攻机会的浪费。具有强烈的射门意识和欲望是进球得分的前提，球员要敢于在激烈的对抗中完成射门，更要勇于承担射不进的责任。

（2）最佳射门角度

射门前要观察守门员所处的位置和移动情况，选择好射门角度，这直接影响射门的效果。一般情况下，当守门员站在球门中间时，应将球射向球门的两个下角；当守门员移动时，要将球射向他移动的反方向；从侧面射门时应尽量射远角，一旦射门不进，队友还可以包抄补射；至于吊射，由于五人制足球球门的高度问题，较少采用。当然，当守门员参与进攻离开球门时，也可采用远距离吊射。

（3）合理的射门方法

球员在具有较强的射门意识的前提下选择合理的射门方式和脚法也是

决定得分的重要因素。除常规的大力抽射和推射外，五人制足球球门较小，因而它相较于常规射门方式，采用抢点射门和巧射往往更易实现得分。如捅射技术，虽然在十一人制比赛中运用得较少，但是在五人制足球狭小的控球空间中则是一种非常实用的技术，常运用于距离球门较近，没有足够的空间进行摆腿射门时。因为捅射技术动作隐蔽，球的运行路线非常规，守门员很难做出反应。

（4）尽量射低平球

五人制足球的球门高度只有2米，打高球往往出界，很难命中球门。而射低球或地滚球不但球速快，而且需要守门员做出下地扑救，这比直立防守需要更多的时间。因此选择低平球射门更容易造成守门员扑救不及而失分。

4. 跑位

跑位指比赛中球员在无球的情况下通过有意识的跑动为自己或同伴创造进攻机会的行动。球员围绕战术体系进行合理的跑位是战术执行成功的关键。一场五人制足球比赛中，每个球员的累计控球时间不超过3分钟，在其他大部分时间做的均为无球跑动。场上攻防转换速度较快，场上的接应点较少，所以在比赛中，除守门员外的每一个球员都在跑动。进攻方往往通过跑位来创造传球空当或射门机会。

（1）明确的目的

跑位的目的基于既定的战术打法和当前场上的形势。进攻时，跑位的主要目的是为自己或队友创造接球时间和空间。正确的跑位可以起到摆脱、接应、拉开、扯动、牵制等目的。跑位需要具有配合意识的多名球员协同行动。

（2）敏锐的观察

由于五人制足球场上人数少，场地尺寸小，五人制球员更易于观察到全场的情况。球员应多通过观察来判断队友或对手所处的场区位置、控球情况、可能的出球路线和方向，然后选择最佳的跑位。

（3）合理的时机

场上出现的空当往往稍纵即逝，因此，发现空当后的跑位要适时、合理。进攻时过早跑位容易使防守球员觉察到进攻意图；跑位过晚，传球空当可能被阻挡。因此，球员对合理、适时的跑位时机的掌握是跑位有效的关键所在。

（二）个人防守战术应用

1. 选位

选位指防守球员在防守时对场上合理防守位置的选择。良好的选位可以阻挡对手的射门、传球，也是做出抢断球等其他防守的前提。选位应在本方失去控球权后迅速做出，并通过观察对手和球的位置的变化，随时做出调整。

2. 盯人

盯人指防守球员限制进攻球员采取的行动。五人制足球比赛场地小、人数少，使用人盯人的方法有助于避免区域防守中出现的漏人问题。因此，它在当今世界五人制足球强队中被广泛使用。

盯人分为紧逼盯人和松动盯人两种。紧逼盯人时，要做到既可以随时上抢截断来球，又可以通过对抗破坏被盯防人控球。在本方场上情况不利或比分落后的情况下，可以采取人盯人紧逼防守。松动盯人时，要做到既能弥补邻近队友的防守位置，又能及时切断进攻方传球或无球切入的路线。（见图3-38、图3-39）

图 3-38　紧逼盯人

图 3-39　松动盯人

在采用盯人战术的同时，要注意协防补位。在五人制足球中，协防尤为重要，因为一旦队友被对方球员突破，对手就有很大可能直接面对守门员。如果对方有个人能力突出的关键球员时，可以采用身前防守，即本方防守球员站到该关键球员身前更接近球的位置进行防守，阻断该球员的接球路线。其他队友则要在做好自身防守的同时，帮助补防采用身前防守的这名队友身后的位置。这种防守需要防守球员有较强的大局观和个人能力。（见图3-40）

图 3-40

3. **抢球**

抢球指将对手运控的球抢过来或将其运行路线破坏掉的战术。抢球是重要的个人防守战术，是个人防守能力的体现。由于五人制足球比赛进攻接应点少，防守方会经常将进攻方的传球路线封死，此时便会出现较好的抢断时机，抢球成功后可迅速发动反击，取得好的战术效果。但抢球也会发生被突破的危险，因此抢球要注意以下几点：

（1）站稳防守位置，保持合理的距离，不盲目出脚。

（2）把握上抢时机，在对手接控球未稳或控球、运球两个触球动作之间的时机上抢。

（3）抢球动作要迅速、突然，有侵略性，做到既抢球又卡位。

（4）抢球后的衔接动作要快，及时发动进攻。若抢球不成功，要迅速转身，及时回追防守。

4. 断球

断球指在途中将对手的传球截下或将其运行路线破坏掉的战术。断球是发挥个人抢截能力最积极的方法，也是由守转攻最有效的战术。在五人制足球比赛中，一次成功的断球意味着将造就一次有威胁性的进攻。

断球要注意以下几点：

（1）正确的判断：要正确判断持球球员和接应球员的意图，预测传球的时间和路线。

（2）合理的位置：在正确选位的基础上偏向有球一侧移动，并"松动"防守。

（3）恰当的时机：在对手传出球的一刹那，先于接球球员迅速插向传球路线，将球截断下来。

三、全队攻防战术教学与训练

（一）全队进攻战术教学与训练

全队进攻战术包括边路进攻战术、中路进攻战术和转移进攻战术。由于五人制足球场地相对窄，进攻区域转换得很快，球员应熟练掌握各个区域的进攻方式。教师或教练员应该针对五人制足球的比赛特点，对球员进行有效的进攻套路训练。

【练习1】

深色为进攻方。守门员发动进攻，将球传给跑到右边的2号球员，3号球员同时迅速启动，准备接球。2号球员将球传给3号球员，3号球员触球一次，再将球传给前方跑动的5号球员。5号球员此时面对一名防守球员，既可以选择突破射门，也可以等待插上，配合射门。（见图3–41）

图 3-41

【练习2】

深色为进攻方。进攻开始时，5号球员在对方底线靠近角球区附近牵制对方一名防守人。4号球员和3号球员位于5号球员同一侧的边线附近。2号球员位于另一侧边线附近牵制对手的防守。守门员获得控球权后立即传球给5号球员，2号球员接球后再将球传给跑位插上的4号球员，由4号球员完成射门。（见图3-42）

要求：2号、3号、4号球员在守门员传球给5号球员的同时迅速启动，跑位至空当，寻找射门或配合的机会。

图 3-42

【练习3】

深色为进攻方。4号球员运球至中圈，传球给5号球员后跑位至3号球员的位置，3号球员同时向4号球员原来的位置跑动。5号球员接球后运球至中圈，传球给接应的3号球员，然后跑位至2号球员的位置。2号球员在5号球员跑位的同时跑向5号球员留下的空当。循环进行。（见图3-43）

图3-43

【练习4】

深色为进攻方。当进攻球员2号传球给5号后，2号以先直后斜的线路插上。需要注意的是，2号球员直线跑动时，速度不宜太快。在进行斜线跑时应迅速摆脱对手，接球、传球、直接射门，或将球直接射向球门远角。3号球员和5号球员在2号球员和4号球员即将完成射门时向中间靠近，保持5—6米的距离，防止对手抢断后反击。（见图3-44）

图 3-44

【练习5】

深色为进攻方。当进攻球员2号传球给5号时，2号球员进行反向的先直线、后斜线的跑动，5号球员有两种传球线路穿过防守：

传身后球，让球跟上快速跑动的球员（2号球员无球摆脱对手时球应传到）。

利用挑传球将球挑过本队2号球员和防守人，2号球员转身直接射门或射向球门远角。此时4号球员应包抄到球门远角处。3号球员和5号球员则向中路靠近，保持5 — 6米的距离，防止对手反击。（见图3-45）

图 3-45

【练习6】

深色为进攻方。守门员或后卫将球传到前锋脚下。

利用前锋背身摆脱对手后射门。

5号球员传球给4号球员后迅速插上，4号球员短暂控球或不控球向两侧分球，由插上球员完成射门。此时，2号球员向3号球员靠近，防止对手反击。（见图3–46）

图3–46

【练习7】

深色为进攻方。当5号球员控球摆脱防守人时，3号球员跑回中路接应。此时3号球员身后会出现一个空当，有两种跑位选择：

5号球员传完球后迅速插上，3号球员向侧后方传球后包抄球门远角，5号球员进行射门或把球传给球门远角处的3号球员。此时4号球员应向中路靠近，保持平衡；守门员稍向前站位，保持阵型。（见图3–47）

图 3-47

4号球员迅速插上，3号球员将球传向侧后方，4号球员接球射门或把球传给球门远角处包抄的2号球员。此时5号球员向中路靠近，保持平衡，守门员稍向前站位，保持阵型。(见图3-48)

图 3-48

【练习8】

5号球员在对方底线靠近角球区域牵制对方的一名防守人，4号球员和3号球员位于同一侧边线附近，2号球员在另一侧边线附近牵制对方防守。

守门员将球传给5号球员，4号球员插上，接5号球员的传球并射门。4号球员要注意插上时机，应在球即将过中线时迅速插上。（见图3-49）

图 3-49

2号球员直接迅速跑过中线接守门员的传球。（见图3-50）

图 3-50

3号球员迅速插上，接守门员的传球。（见图3-51）

图 3-51

【练习9】

二过一身后插上（见图3-52）

图 3-52

三角移动（见图3-53）

图 3-53

前锋交叉跑

如果防守球员回防速度过慢，可直接打到身后。（见图3-54）

图 3-54

如果防守球员回防速度很快，4号球员可回撤接应，5号球员和4号球员进行二过一配合。（见图3-55）

图 3-55

（二）全队防守战术教学与训练

在五人制足球比赛中，一般采用混合防守战术。例如，一名防守能力较强的球员全场盯防对方的关键球员，其他人采用区域人盯人的防守方式。常用的防守方法有就地逼压式防守、层次回撤式防守和快速密集式防守。

1. 就地逼压式防守教学与训练

就地逼压式防守通常运用于本方进攻被拦截，对手反击时。丢球后立刻采取反抢，逼压对手的进攻空间，迫使对手犯错误。五人制足球比赛攻防转换快，本身对球员体能的要求就比较高；采用逼压式防守对体能的要求更高。这种防守方式要求球员有统一的意识。

【练习】四对四攻防练习

在五人制足球场地进行四对四攻防练习，要求攻方在失球后不回撤，马上就地反抢。

注意事项：

（1）失球的球员应主动参与反抢。

（2）离球近的球员应参与反抢，两名球员可采用围抢、协防等配合防守方式。

2. 层次回撤式防守教学与训练

层次回撤式防守是分层次、有步骤、有组织的防守，其目的是延缓对手的反击，为本方组织防守赢得时间。这种防守战术多分为三层。第一层是丢球后逼抢。与逼压式防守不同，丢球后逼抢的主要目的是延缓对手的反击。第二层是其他球员迅速回到自己的防守位置。第三层是在防守稳固的情况下寻求机会，争夺球权。

【练习】全场攻防演练

在五人制足球场地模拟前场丢失球权后防守。练习开始后，一名持球球员在前场将球传给对方防守人（模拟丢球）后上前逼抢，其他队友迅速回到防守位置。防守成功后重复之前的练习。

注意事项：

（1）失球球员上抢时以延缓为主，主要切断球向前传的路线。

（2）其他球员回撤要有层次，不可无目的地盲目回撤，避免将球场空间全部让给对手。

3. 快速密集式防守教学与训练

快速密集式防守指防守方迅速缩小防守区域，集中主要防守力量和门前危险地带的防守战术。这种防守方式的特点是防守密集、空间小，使对手的渗透性配合难以完成。

【练习】四对四半场攻防练习

在五人制足球场地一半处设守门员一名。练习开始后，进攻方在中线发动进攻。防守方不做上抢，在门前采用密集防守，伺机将来球路线破坏或将球抢断。要求进攻方必须在球门区内射门。（见图3-56）

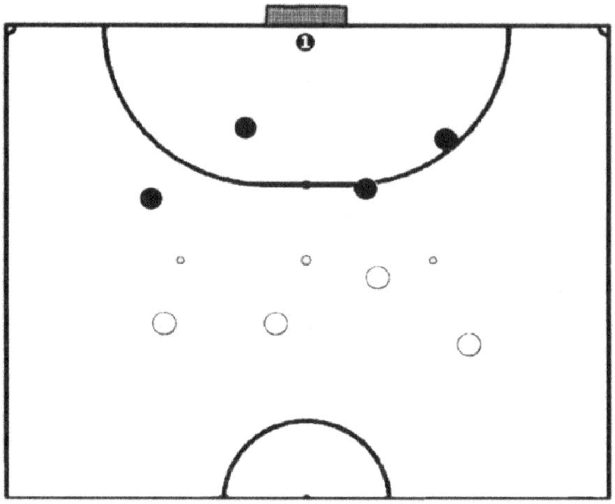

图 3-56

注意事项：

（1）防守方要多采用局部防守配合，如围抢、协防和补位。

（2）进攻方要多进行小空间内的传切配合。

四、定位球战术

定位球战术指在比赛中利用“死球”后重新开始比赛的机会组织进攻与防守配合的战术。定位球战术包括中圈开球、角球、任意球、点球、掷界外球等。五人制足球场地小，罚球离球门近，而且判罚任意球较十一人制更严格，所以判罚任意球的机会增多，威胁更大，已成为决定比赛胜负的重要组成部分。

（一）任意球攻守战术

1. 任意球进攻战术

一般来说，能直接射门就不做配合，即使配合也应该简练。对对手造成较大威胁的是发生在第一罚球点附近的任意球，但在比赛中这种机会较少；在罚球区两侧和第二罚球点以外的任意球较多。

（1）直接射门

无论在场地中间还是两侧获得任意球机会，如果有射门角度，都可选择直接射门。由于人墙和五人制球门高度的影响，想踢出越过人墙进入球门的弧线球是很难的。因此在五人制足球中，以任意球直接打门多采用踢低平球或地滚球的方式。可以通过进攻方球员在对手的人墙夹塞的办法（拆墙）来挡住守门员的视线。在射门时，这些球员迅速让出空当，闪出射门角度，球从球员让出的空当穿过，被射向球门。（见图3-57）

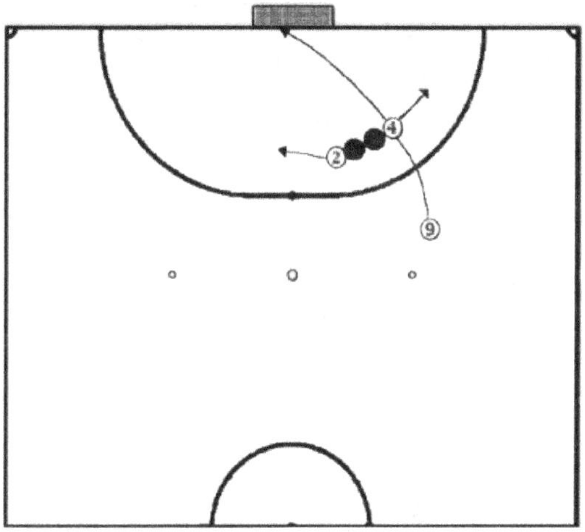

图 3-57

（2）配合射门

在罚球区的侧面和两边获得任意球或间接任意球，因没有射门角度或规则限制，无法完成直接射门时应采用配合射门，但要配合中传球的次数，不宜过于复杂。下面介绍几种经典的任意球配合射门：

①如图3-58，2号球员将球传给3号球员，3号球员直接射门。其他两名球员在禁区两侧牵制对方防守球员，为3号球员制造射门空间。

图 3-58

②如图3-59，4号球员将球传给3号球员，3号球员可直接射门或将球传向球门远角位置。3号球员射门的同时，2号球员应迅速包抄远端门柱。如果3号球员的射门偏出，2号球员可完成包抄抢点射门。

图 3-59

③如图3-60，4号球员将球传给2号球员，同时5号球员突然启动前插，2号球员在不停球的情况下将球传给高速插上的5号球员，由5号球员完成射门。

图 3-60

④如图3-61，4号球员从球上跑过，做假射或假传的动作来迷惑对手，5号球员传球给3号球员，由3号球员直接射门。2号球员在禁区外牵制对方防守人，给队友创造机会。如果对手防守3号球员，5号球员则可以传球给2号球员，由2号球员完成射门。

图 3-61

⑤在禁区内获得间接任意球时，5号球员可以直接将球传给有射门角度的3号球员或者4号球员，完成射门。（见图3-62）

图3-62

2. 任意球防守战术

在罚球区附近做任意球防守应注意以下几点：

（1）干扰对手罚球，以争取时间组织人墙。

（2）根据罚球地点确定排墙人数。人墙应封堵球门近角一侧。守门员主要防守远角一侧，并看清主罚球员和球。

（3）人墙指挥一般由守门员担任，守门员指挥要快，以防注意力分散。

（4）全队回防，时刻观察场上动向，并做出反应，尤其要尽量控制守门员扑出来的或是打在人墙上反弹的球。若失去控球权，应立即投入对攻方的防守。

（二）角球攻守战术

1. 角球进攻战术

（1）短传角球

这种角球的特点是快，能在角球弧处形成人数优势，缩短传中距离，提高传球的准确性并增大传球角度，丰富战术，增加防守难度，对球门威胁大。球员身材不高、争夺空中球能力较弱的队适用此战术。

【练习1】战术角球·射门

7号球员将球传给9号球员，并向球门区正面跑动，再接9号球员的回传球，完成射门。（见图3-63）

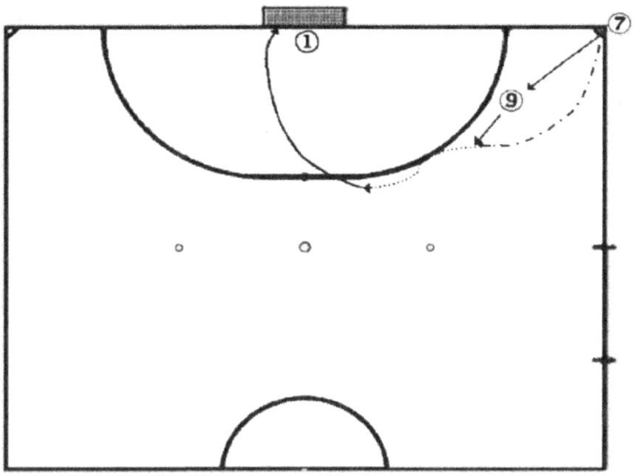

图3-63

【练习2】短角球

角球主罚球员将球传给近距离接应的球员，由接应球员传中，远端队友插上射门。（见图3-64）

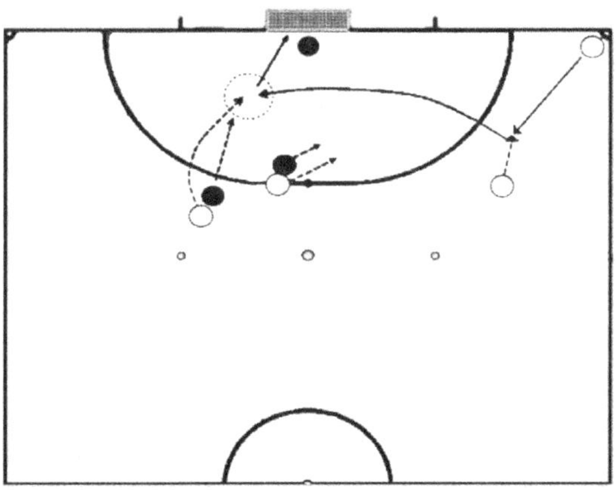

图3-64

（2）长传角球

五人制足球比赛中，踢角球时很少踢出较高的空中球。一般情况下，长传角球都是踢半高球或是地滚球，且长传落点有三个区域，如图3-65。

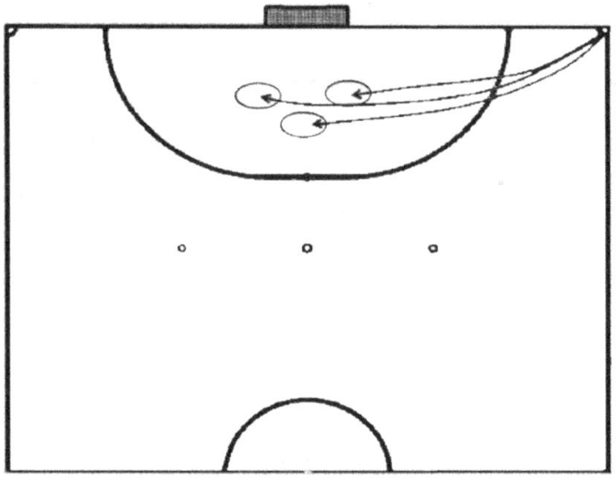

图 3-65

以下是几种经典的长传角球配合：

①一般情况下，在进行五人制角球防守时，会有一名防守球员站在球门线附近封堵角度。此时，2号球员可将球传至禁区内无人防守的区域，由5号球员迅速插上，完成射门（见图3-66）。5号球员在角球未发出之前的站位应稍远离对方禁区，以免被对手过早盯防；在角球发出的瞬间迅速插上，完成射门。

图 3-66

②3号球员在对方禁区外突然迅速启动，接2号球员发出的角球，完成射门。（见图3-67）

图 3-67

③3号球员插上时，如被防守人盯防而没有接球空间，2号球员则将

球传给接应的4号球员，由4号球员完成射门。（见图3-68）

图 3-68

④4号球员突然启动跑向2号球员，接发出的角球后踩球；同时3号球员迅速插上。如果防守球员站位错误，4号球员可拉球转身射门；否则，4号球员将球传给迅速插上的3号球员，由3号球员完成射门。（见图3-69）

图 3-69

2. 角球防守战术

防守角球时，要有一名球员离球4—5米，封堵直接罚向球门的线路。其他防守人分别位于罚球区线附近，控制罚球区内外，防止对手在这一区域直接射门。守门员应站在球门线中点或距远端门柱三分之一处。（见图3-70）

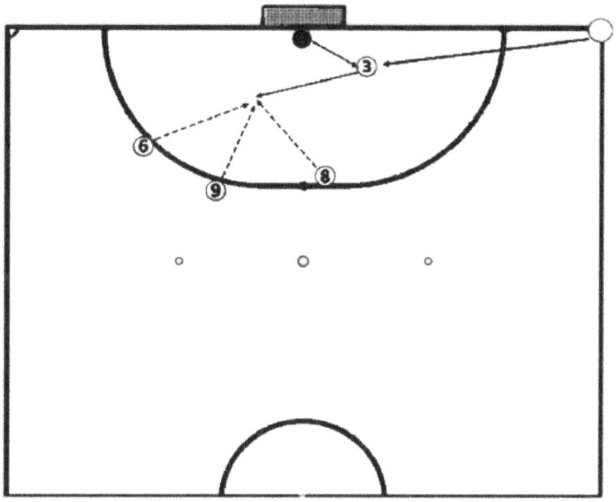

图 3-70

具体要求：

（1）无论采用盯人还是采用区域防守，都应分工明确，人球兼顾，绝不能看球漏人或看人漏球。

（2）必须抢占有利的防守位置，始终在球、对手和球门之间；保持注意力集中。

（3）头球技术好的球员应站在点球点附近的位置，重点盯防对手的高点。

（4）当角球被本方解围后，防守球员应迅速向外扩张防守阵型，以限制对手得球后的二次进攻。

（三）界外球攻守战术

1. 界外球进攻战术

界外球在五人制足球比赛中应用得较为频繁，它的作用不能被低估。特别是在罚球区两侧的界外球，其效果接近角球。规则对界外球的发出有明确的时间要求，所以迅速、简练、有效是对五人制界外球的要求。

应用五人制界外球战术需注意以下几点：

传球要快，传给无人盯防球员。

传球要准，利于接球、控球和直接处理球。

接球者的摆脱要突然、及时，亦可以用假动作诱骗对手。

传球者传出球后应迅速进场接应，以形成人数优势。

中后卫和前锋一般不踢界外球，常由后卫和前卫发球。

踢界外球进攻方法

【练习1】两人配合

可一传一接，接球后进攻，接球球员直接或间接回传给罚球球员或传给其他队友组织进攻。这种方法在中后场运用得较多。（见图3–71）

图 3–71

【练习2】三人或三人以上配合

由于中前场进攻时防守方常采用紧逼盯人的手段，两人配合较难完成，需要三人或更多的球员参与配合。可采用一拉一接、一接一插等配合方法。（见图3-72）

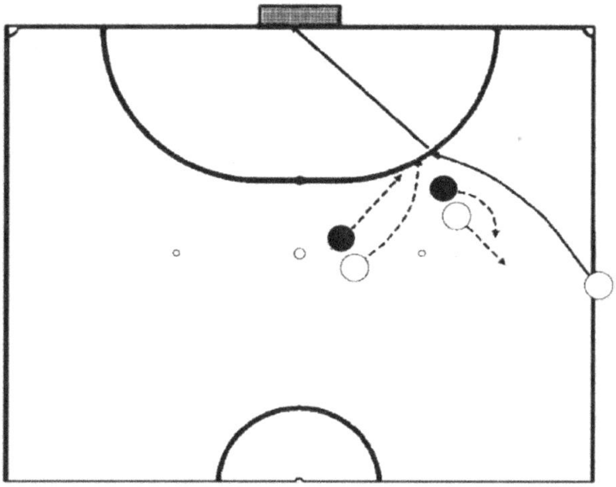

图3-72

【练习3】长距离界外球配合

利用脚踢球罚球的优点传过顶高球。2号球员传球给跑动中的5号球员，5号球员用头球后蹭的方式将球传至门前，9号球员和10号球员包抄射门。（见图3-73）

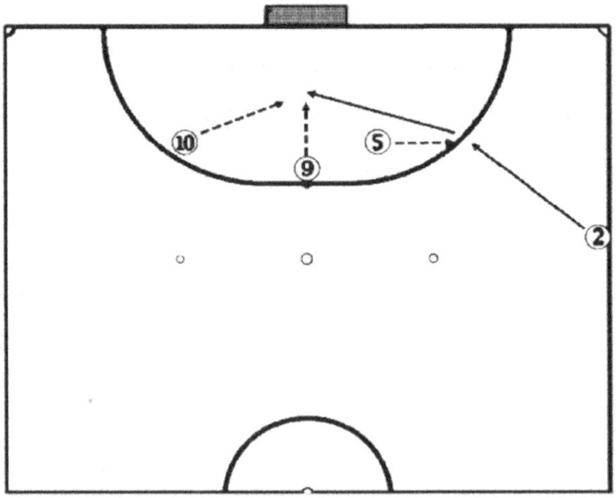

图 3-73

【练习4】经典界外球进攻

①5号进攻球员先跑向2号罚球人，在球门区前方的区域将防守人引开后，突然变向迅速跑向角球区域附近；在接到2号球员发出的界外球后一脚将球传至禁区前沿。4号球员迅速插上完成射门。（见图3-74）

图 3-74

②3号球员向4号球员跑动，以吸引一名防守人；4号球员等3号球员

离开原防守区域后，迅速启动跑向3号球员留下的空当，接2号球员发出的界外球并把球传给5号球员，再次插上；5号球员接球后再回传给插上的4号球员，由4号球员完成射门。（见图3–75）

图 3–75

2. 界外球防守战术

（1）在球门区局部区域对有可能接到球的球员实施紧逼，在危险区域和有可能出现的空当要重点防守、保护。

（2）在防长传界外球时，要有一名球员对主罚者进行干扰，限制其远度和准确性。要对重点球员进行贴身盯防，必要时可采用前后夹击防守。其他防守球员应选择有利位置盯防相应的进攻球员。

（3）防守球员应注意力集中，扩大视野，人球兼顾并相互保护，对切入、插入者严加防范。

（四）球门球攻防战术

1. 球门球进攻战术

（1）守门员直接将球掷给中线附近的队友，组织进攻。

（2）在守门员与后卫配合的基础上，由后卫组织进攻。

2. 球门球防守战术

（1）对手发球时要严密控制落点，紧逼盯人并做好保护。

（2）本队进攻结束，对手发球门球时，除一到两人干扰对手接球，以延缓其进攻外，其他球员应回防到位。

（五）开球攻防战术

1. 开球进攻战术

（1）组织推进

利用开球进行控制球、传倒球，创造进攻机会。

（2）进行突袭

利用比赛刚开始时对方思想不集中、站位不好、出现明显空当等弱势，采用直接射门或长传突破。这种战术即使不成功，也会给对手造成心理上的压力。

2. 开球防守战术

要思想集中，选好位置，严防对手偷袭。当对手采用短传推进时，按防守原则行动，力争尽快夺回控球权。

（六）罚球点球攻防战术

1. 罚球方球员

（1）主罚球员

①以射准为主，以力射为辅；以射球门的底角和上角为最优，但要留有余地。

②情绪要稳定，有必进的信心。

③先看守门员的位置，决定射门方向，不轻易改变决定。

（2）其他球员

①注意观察，努力抢射被守门员击出或被球门挡出的球。

②注意防守，当球权被对手掌控，立即回防或进行前场逼抢，以延缓对手进攻。

2. 守方球员

（1）守门员

①情绪要稳定，有将球守住的信心。

②可以采用故意放大一侧的方法，或者用假动作迷惑、干扰罚球

球员。

③掌握对手惯用的脚法、射门方位等，有针对性地防守。

④不论扑向哪个方向，要始终向某一底角扑出，而且要坚定。

（2）其他防守球员

①注意观察，努力拼抢被守门员击出或被球门挡出的球，将它踢出或运出危险区。

②得到球权后，立刻进行反击。

第四节 七人制足球战术

一、比赛阵型

从竞赛规则到战术打法，七人制足球已经与十一人制比较相似，但在人数上和场地尺寸上还是与之有差距的，这决定了两者在阵型排列上的不同，也决定了球员职责分工和踢法上的差异。七人制足球一般采用“3–3”阵型，即3个后卫、3个前锋，另设一个守门员；而根据战术的需要也可以采用“4–2”“3–2–1”“3–1–2”“2–1–1–2”“1–2–1–2”等阵型。

常用比赛阵型介绍

1.“3–3”阵型

“3–3”阵型是七人制足球比赛中最常用的一种阵型（见图3–76）。阵型中的3个后卫包括一个中卫和两个边后卫，3人共同担当后防线防守，一般采用区域防守；3人也都承担进攻任务，可以向前组织进攻，也可以前插助攻，甚至参与第一线进攻。3个前锋包括一个中锋和两个边前锋，3人各有自己的特点，并且有细致的分工。每个球员主动承担自己区域的进攻任务；在防守时，每个前锋球员也都应当参与防守；在由攻转守时，离球近的前锋应当立即反抢，限制对手迅速反击。

图 3-76

2.“3-2-1”与“3-1-2”阵型

“3-2-1”和“3-1-2”阵型与“3-3”阵型大体一致，只是更加明确了前锋的职责。“3-2-1”阵型的中锋突前，相当于十一人制中的9号位置，而且非常具有进攻性。此位置适合身材高大、强壮，而且有很好的射门技术的球员。而在两个边锋位置应安排更善于边路突破、传球技术较好的球员。（见图3-77）

图 3-77

“3–1–2”阵型中锋拖后，应当善于组织，同时善于传球，多与边锋配合，也可以利用中路突破进行打门或与边锋配合。在防守方面，这样站位的中锋更易于退防，可以加强对中路的防守和保护。（见图3–78）

图 3–78

3.“1–2–1–2”与“2–1–1–2”**阵型**

“1–2–1–2”阵型是利用前锋线与后卫线形成的两个倒三角的站位方法，俗称“马蹄形站位”。这种站位的方法是中卫和中锋都拖后。中后卫拖后是一种正常的站位，而中锋拖后是为了加强中路的防守。此站位方法要求中锋居于中场，能够发挥进攻组织和调度作用，相当于十一人制中的10号位置，扮演一个球队的节拍器，控制场上的节奏。两侧前锋可以适当接近中锋，与之配合，也给对手的中路防守增加压力。这是一种防守型阵型，利用中锋的回防及中后卫的拖后建立多层防守体系。（见图3–79）

图 3-79

“2-1-2-1”阵型同样是利用前锋线与后卫线形成的两个正三角形的站位方法。这种站位法是中锋和中卫前移，与“1-2-1-2”阵型站位相反。中后卫前移，这很明显有别于常规打法，其目的是更好地参与进攻，突出中轴线的进攻。这种站位要求中卫有很好的中场控球、传球，甚至组织本队进攻的能力，增加了中卫与前锋线的联系。进攻时，中后卫前压，边后卫要适当向中路收缩。防守时，中卫应立刻回防。当一名边卫占据原中卫位置防守时，则回防的中卫应立即移到该侧边路。（见图 3-80）

图 3-80

4. “4–2”阵型

“4–2”阵型与上述阵型差异较大，包括四个后卫球员和两个前锋球员。四个后卫球员中一般两个担任中卫，两个担任边卫；而两个前锋并列在前。此阵型应根据球队的人员情况采用，四个后卫球员一般由两个防守较好的球员和两个助攻型边卫球员组成。“4–2”指此阵型防守时的人员排列；而在进攻时，两个边卫上前参与进攻，就会呈现出“2–4”的人员排列。这种阵型是一种攻守两端呈动态性平衡的阵型，利于在进攻和防守时形成局部的人数优势，但要求两个边路球员具有良好的体能和全面的技术。（见图3–81）

图 3–81

二、局部攻防战术教学与训练

局部战术指场地范围不大、参与人数不多的攻防配合行动。局部战术是整体攻防战术的基础，体现为两个或两个以上球员的配合。七人制足球比赛经常采用两到三人的战术配合，前锋之间、后卫之间、前锋与后卫之间，甚至守门员与后卫之间，都会出现局部配合。

局部进攻战术的基本配合方式有传切配合、交叉掩护配合和二过一配合。局部防守战术的基本配合方式有逼抢与保护、补位、围抢等。这些攻防战术配合在三人制、四人制、五人制、十一人制中都可以见到，练习方法大同小异。我们重点介绍具有七人制足球特点的局部攻防战术，以“3–3”阵型和“4–2”阵型为例。

（一）“3–3”阵型中局部攻防战术分析

1. 局部进攻战术

（1）中锋与边锋的进攻配合

【练习1】如图3–82，中锋带球吸引防守人，然后将球传至边路，边锋接球后传中，中锋于门前抢点射门。

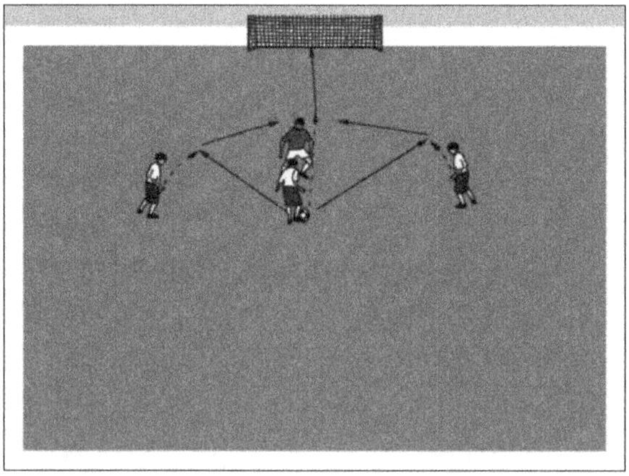

图 3–82

注意事项：

①边锋要积极跑位，创造接球空当，并把握好传中时机，观察中锋跑动方向，将球传到中锋的跑动路线上，以便中锋完成射门。

②中锋可采取多次变向跑摆脱防守人，并创造空当。

③可多次练习，达成默契。

【练习2】如图3–83，中锋与边锋交叉跑动，中锋斜向带球吸引防守人，并将球传给在其身后斜向跑动的边锋，边锋接球并完成射门。

图 3-83

注意事项：

①中锋传球后利用身体掩护队友，由队友完成射门。

②一般情况下，边锋要在中锋启动后再跑动。

【练习3】如图3-84，中锋中路运球，在防守方将传球线路封死的情况下，两个边锋可做交叉换位跑动，以创造传球或射门空当。

图 3-84

注意事项：

两个边锋要进行交流，以便完成配合。

（2）后卫与前锋的进攻配合

【练习1】如图3-85，中卫运球与中锋做“二过一”战术配合，中卫接球并完成射门。

图 3-85

注意事项：

①当中卫向前参与进攻时，两个边卫应适当靠近中路，加强中路防守。当球权丢失，中卫应立刻迅速回防。

②中锋应迅速传球；中卫接球时应尽量少做调整，完成射门。

【练习2】如图3-86，边后卫控球，边锋突然反跑，创造空当。边后卫直接将球传到防守球员身后的空当，边锋接球后再做处理。

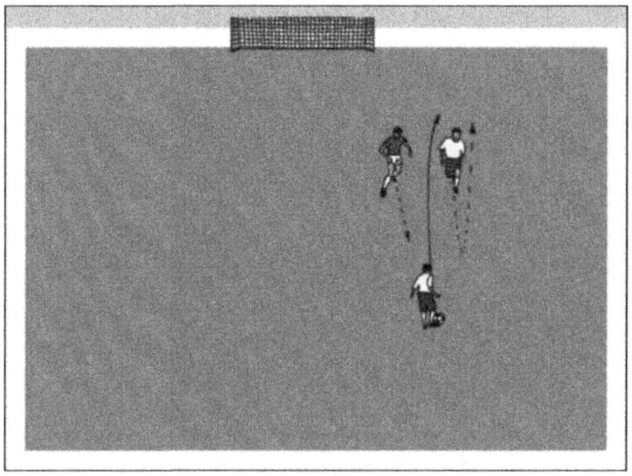

图 3-86

注意事项：

①边锋反跑要突然，且要观察控球队友，判断能否传出球。

②控球球员要把握传球时机，与反跑的边锋达成一致。

2. 局部防守战术

（1）后卫之间的防守配合

【练习 1】如图3-87，对手进攻中路，两边卫在盯防自己的人的同时适当向中间收缩，对中卫进行协防和保护。

【练习 2】如图3-88，对手进攻某一边路时，后卫应采取斜线式站位。当一名边卫被突破，中卫应立刻补位防守，而被突破的边卫应立刻占据中卫防守位置。

图 3-87

图 3-88

注意事项：

①后卫应时刻注意协防和补位。

②不轻易上脚抢球，不轻易将自己的重心抛出。

（2）后卫与前锋的防守配合

【练习1】如图3-89，一名边锋在中场运球被抢断，应立即回抢，同一边路的后卫补位协防。

图 3-89

注意事项：

①边锋在失球后应立刻回抢，以达到延缓对手进攻的目的。

②逼抢与协防应达成一致。

③前锋要进行防守配合。

【练习2】如图3-90，前场丢失球权，距离球最近的两名前锋上前围抢。

图 3-90

注意事项：

①在对手控球不稳的情况下立刻采取围抢。

②进行围抢的两名前锋要默契配合。

（二）“4-2”阵型中局部攻防战术分析

1. 局部进攻战术

后卫与前锋的进攻配合

【练习1】如图3-91，进攻时，边后卫向前参与进攻，与前锋共同完成直传斜插，接球并直接射门。

图 3-91

注意事项：

①前锋要控制传球的方向、力量，做到球到人到。

②配合要有突然性，不要过早地暴露配合的意图。

【练习2】如图3–92，进攻时，“4–2”阵型转变成“2–4”阵型，两个边后卫充当边锋，可承担边路传中任务。

图 3–92

注意事项：

①两个边后卫要有很强的往返能力，失球后应立刻回防。

②无论从哪个边路实施战术，两名边后卫都要跑动，以达到牵制防守的目的。

2. 局部防守战术

两个中卫之间的防守配合

【练习】如图3–93，对手进攻中路，一名中后卫迎前逼抢，另一名中后卫则协防保护。

图 3-93

注意事项：

迎前逼抢的中后卫可稍放松对有协防队友的那一侧线路的防守，制造“陷阱”；而协防保护的中后卫要抓住时机，将来球路线破坏。

三、全队攻防战术教学与应用

（一）全队进攻战术教学与训练

全队进攻战术指为了完成进攻采用的全局性的配合方法。这种战术涉及的人员较多，可以体现一个球队的进攻能力。一次完整的全队进攻由发动、发展和结束三个阶段组成。根据进攻开展的区域，全队进攻可被划分为中路进攻、边路进攻及转移进攻；根据进攻推进速度，又可被划分为快速反击和层次进攻。

1. 中路进攻战术教学与训练

七人制足球比赛中，中路进攻指进攻配合集中于前场中间区域的进攻方式。采取中路进攻会遭遇防守人员密集，进攻难度大，但对球门的威胁也最大、最直接。在比赛中，想在中路有所斩获，就必须加强球员在防守密集、空间小的条件下运球突破、传切配合的能力。

【练习】中路四对四+两名守门员攻防练习

练习目的：

提高球员中路进攻的战术能力。

练习方法：

练习区域为1/2球场，要求所有球员只在中路规定区域内进行攻守练习。（见图3-94）

图3-94

注意事项：

（1）抓住时机，敢于进行个人突破。

（2）注重2—3人的传切配合。

（3）追求高质量的渗透性传球。

（4）进攻球员应利用位置的前提和后撤制造进攻的纵深空间。

2. **边路进攻战术教学与训练**

边路进攻指进攻配合集中在前场，且靠近边线区域的进攻。边路进攻的目的在于利用球场的宽度拉开防守面，减少中路防守力量，创造中路破门的机会。七人制足球比赛中边路进攻的主要方式有传中、运球内切和直接打门。而边路传中也分为外围传中、边路传中和下底回扣传中。边路进攻方式的多种多样往往是得分的关键，因此要加强边路进攻战术的教学与训练。

【练习1】5对5+2名守门员+2自由球员边路传中练习

练习目的：

本练习主要培养球员的边路插上意识，提高球员的边路突破进攻能力及传中质量，增强球员的球门附近抢点射门能力。

练习方法：

如图3–95，练习区域为1/2球场，由守门员发起进攻，进攻方通过配合必须将球传入有标志的边路区域内，然后由插上球员传中，包抄球员抢点射门。防守球员应积极防守，封堵传中路线。

图 3–95

注意事项：

（1）观察中路包抄球员的跑动，提高边路传中质量。

（2）包抄球员应判断来球，积极抢点射门。

【练习2】6对5+1名守门员边路进攻练习

练习目的：

本练习主要发展球员的边路进攻能力，培养他们的配合传球意识。

练习方法：

如图3-96，5名球员加守门员的队伍进攻两个小球门，6名球员的队伍进攻大球门。无论哪个队伍进攻，边路区域都只允许2名进攻球员和1名防守球员进入。边路传中射门得2分，以其他进攻方式射门得1分。

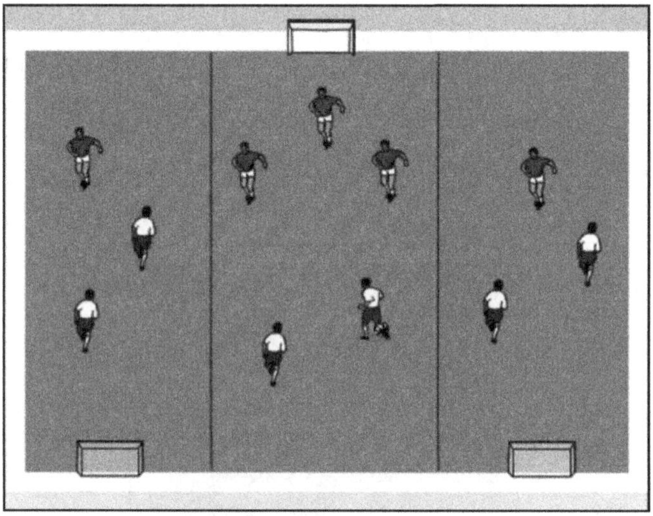

图3-96

注意事项：

（1）鼓励边路球员插上参与进攻。

（2）边路球员可以通过地面配合或传中球改变进攻点。

3. 转移进攻战术教学与训练

转移进攻指将进攻点由一个区域转向另一个区域的进攻方式，如边边转移、中边转移。实施转移进攻，要充分利用场地的宽度，横向扯动对手的防线，从而找到进攻空当。转移进攻战术的实施需要进攻组织球员具有宽广的视野和准确传球的能力，全队思想统一。在教学与训练中，教师或教练员应多训练球员横向大范围的传球技术。

【练习】横向转移进攻练习

练习目的：

本练习主要培养球员横向大范围的传球能力及插上接球的进攻能力。

练习方法：

如图3-97，场地为七人制足球场，2人一组。一名球员运球至前场边路区域，将球横向传到另一侧边路，并跑向球门前包抄；另一名球员后插接球，可自己选择向中路运球射门，也可传中给包抄队友，完成射门。

图 3-97

注意事项：

（1）横向传球人在传球前应抬头观察另一侧区域。

（2）另一侧的球员应预先判断，并积极插上。

4. 快速反击战术教学与训练

快速反击指防守方获得球权后，在对手还没组织好防守时立刻开展的进攻方式。快速反击多采用中长传，要求进攻球员快速向前跑动，控球球员迅速传球。时间短和传球次数少是快攻成功的关键要素，球员快速突破的能力及熟练的配合路线是快攻成功的保证。

【练习】2对2+2名守门员+2名中间人快速反击练习

练习目的：

本练习主要培养球员的快速反击意识，使之熟练掌握快速反击的套路配合。

练习方法：

如图3–98，场地为七人制足球场，除一方守门员外，所有球员都集中于一个半场。练习开始后，由人员密集的半场的守门员发动进攻，进行四对二进攻。要求每名进攻球员每次触球不超过3次，4名进攻球员传球不超过5次，必须完成射门。防守球员只能在本方后场进行抢断，抢断后立刻与2名中间人组队进行四对二进攻。

图 3–98

注意事项：

（1）进攻球员要快速向前跑动。

（2）进攻球员传球要做到快速且准确。

5. 层次进攻战术教学与训练

层次进攻是有组织的、层层推进的一种进攻方式，往往在对方已经组织好防守的情况下采用。层次进攻是一种更稳妥、较安全的战术，对控制比赛节奏的能力和意识，以及传球配合的准确度要求较高。这种进攻方式是比赛中最常见、最基本的进攻方式。

在教学和训练中应多进行传球和跑位练习，比如限定区域的三对三抢截练习、四抢二抢圈练习等。教师或教练员应多采取对抗练习法，让球员在对抗中运用此战术，可以进行4对4+1名守门员半场攻防练习，也可以进行五对五小场地练习。

（二）全队防守战术教学与训练

全队防守战术指全队采取的防守配合，分为区域盯人防守、人盯人防守和混合防守。

区域盯人防守即每名防守球员都占据一定的区域，只对进入该区域的进攻球员进行防守。此战术中，每名球员的防守任务都是明确的，但仍需队友之间的协作，当一区域盯人防守失败时，邻近球员应及时补位，而被突破防守球员应及时与他换位。相邻区域的防守球员应明确区域交界处的防守职责。

人盯人防守是每名防守球员都有固定的盯防对象的防守形式。七人制足球比赛中很少有球队在一场比赛中全部采用人盯人防守，因为进攻方球员可以互换进攻位置，很容易造成防守方盯人不明确。人盯人防守可以使每个进攻球员始终处于压力之下，这也要求防守人有较强的体能，可以在全场范围内进行奔跑逼抢。

混合防守是混合使用上述两种防守形式的防守方式。此方式更适用于实战，大多数球队都采用，其特点是能根据对手的情况灵活地运用区域防守和人盯人防守。在比赛中，体能好、个人防守能力强的球员往往被要求以人盯人的方式盯防对方的核心球员，而其他球员采用区域盯人防守的方式。

【练习】5对5+2名守门员混合防守练习

练习目的：

本练习主要培养球员限定区域内的人盯人防守能力，增强球员的防守区域意识。

练习方法：

如图3–99，场地为七人制足球场，5对5+2名守门员进行攻防练习。练习开始后，防守方4名球员要回到自己的防守区域进行防守，不得跨区防守，另外一名球员（自由人）可在任意区域进行防守。

图3–99

注意事项：

（1）防守方球员要对进入自己的区域的进攻球员采取人盯人防守。

（2）防守方要注意区域交界处的换防。

（3）自由人通过跑动协助其他4名球员防守。

四、定位球战术

七人制足球定位球规则与十一人制大致相同，其场地尺寸和人数介于十一人制和五人制。七人制足球定位球战术与十一人制也很类似，且七人制足球的犯规判罚更为严格，因此在七人制足球比赛中获得任意球的机会会更多，能否把握这些机会往往成为决定比赛胜负的关键。在本章的第三节我们已经详细地介绍了五人制足球的定位球战术，因而本节概括性地介绍与之类似的内容，详细介绍有鲜明七人制足球比赛特点的定位球战术。

（一）中圈开球攻防战术

七人制足球比赛中，中圈开球进攻战术一般分为两种：一是回传控制球权，层层推进；二是直接传球给向前插上的队友，在对手注意力不集中时迅速进攻。而防守中圈开球球员应集中注意力，站好自己的防守位置，开球后应积极逼抢。

（二）角球攻防战术

1. 角球进攻战术

五人制足球角球战术一般采用短传配合角球或向球门前传低平球；而七人制足球角球战术不仅可以如此，还可以像十一人制足球那样向球门前传高空球。因此，七人制足球角球可选择的战术种类更多。下面是几个具有代表性的角球进攻战术练习方法：

【练习1】

练习目的：

本练习主要培养球员球门前争抢头球的能力，提高全队角球配合的默契性。

练习方法：

罚角球球员直接长传至门前，三名队友争抢头球射门。（见图3-100）

图 3-100

注意事项：

（1）罚角球球员要与争抢头球球员默契配合，包抄球员要通过跑动摆脱防守人，创造空当。

（2）应保持罚球线路与球门的合理距离，避免被守门员控制。

【练习2】

练习目的：

本练习主要提高球员角球战术的意识及能力。

练习方法：

罚球球员直接将球传给前来接应的队友，队友接球后可以横传给弧顶无人盯防的另一个队友，形成射门；也可以选择运球内切，与队友做传球配合。（见图3-101）

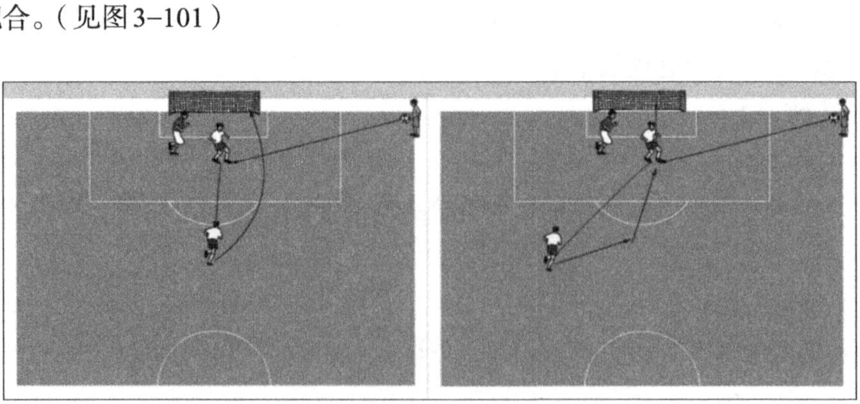

图 3-101

2. 角球防守战术

一名球员靠近角球区，封堵低平传球；禁区内的防守球员采用人盯人防守战术；一名球员防守弧顶附近区域，防止对手远射。得球后应立刻组织进攻。

（三）界外球攻防战术

1. 界外球进攻战术

这里重点介绍靠近前场球门区的界外球进攻战术。这类界外球威胁性较大，可以直接将球掷向门前，由队友抢点射门。

【练习1】

练习目的：

本练习主要训练球员利用规则与特殊球员进行有效进攻或射门。

练习方法：

发界外球的球员直接将球掷入禁区，由队友抢点射门。（见图3-102）

图 3-102

注意事项：

发球球员要观察禁区内各个队友的位置及跑动方向，与之形成默契的配合。

【练习2】

练习目的：

本练习主要提高球员之间的默契程度及界外球进攻的威胁程度。

练习方法：

发界外球的球员将球掷给前来接应的队友，队友再回传给他，然后直接将球长传至禁区内，其他队友包抄抢点射门。（见图3-103）

图 3-103

注意事项：

（1）回传球员要与发界外球的球员形成默契的配合。

（2）发球球员在发球后要迅速进场，动作要简练，提高接球传中的成功率。

2. 界外球防守战术

界外球防守球员要跟紧进攻球员，对他进行干扰，以防他轻易获得接球或传球的机会。在禁区内，处理球要果断，使球尽快离开危险区域。情况允许时，应使传球有目的性，形成有效反击。

（四）罚球点球攻防战术

点球战术主要涉及主罚球员和防守方守门员。

主罚球员要保持冷静，克服压力并果断罚球，要多了解对方守门员的扑救习惯，并做好补射的准备。其他进攻球员也要做好补射准备，并且在对手得球后立刻采取防守措施。

防守方守门员应观察主罚球员的动作和眼神，多了解主罚球员的罚点球习惯，扑救要果断，争取将球控制或将球扑出危险区域。其他防守球员要争抢守门员将球扑出后球的第二个落点，尽快将来球的路线破坏；如获得球权，应争取组织反击。

（五）任意球攻防战术

1. 任意球进攻战术

在罚球区正面的任意球进攻威胁性最大，可以直接射门。尽管比赛中出现这种任意球的机会很少，但是一旦出现，就应把握好，争取得分。对于在罚球区两侧的任意球，可根据场上球员的技术特点和水平选择直接射门；对于角度小或距离稍远的球，可以采用传中或简单配合的方式。

【练习1】罚球区正面任意球的进攻练习

练习目的：

本练习主要提高球员任意球直接破门的能力。

练习方法：

（1）如图3-104，主罚球员利用弧线球或电梯球踢球技术，使球越过人墙，威胁球门。

图 3-104

（2）如图3-105，2—3名进攻方球员挤到对手的人墙内，在队友起脚射门时，通过跑动为队友创造出射门空当，这种方法也称“拆墙”。

图 3-105

（3）如图3-106，主罚球员可利用人墙起跳封堵的特点大力踢出地滚球，球从跳起的人墙球员脚下穿过，威胁球门。

图 3-106

注意事项：

（1）主罚球员要保持内心平静，充分发挥自己的技术水平，力争将球踢进。

（2）图3–105中的主罚球员要与挤入人墙的队友形成默契的配合，“拆墙”球员要把握闪开的时机，既要遮住守门员的视线，又要为队友创造出空当。

（3）主罚球员要掌握好射门与人墙球员跳起的时间差。

【练习2】罚球区两侧任意球的进攻练习

练习目的：

本练习主要提高球员任意球战术配合意识。

练习方法：

如图3–107，主罚球员将球传中，队友包抄抢点射门。

图 3–107

注意事项：

（1）主罚球员要与包抄队友形成默契的配合，将球传向队友能控制的点。

（2）包抄球员要通过跑动扯动对手的防线，摆脱防守人，抢点射门。

2. 任意球防守战术

首先，守门员组织防守人墙，并集中注意力，做好扑救准备。排人墙的防守球员应掌握起跳封堵时机，手臂紧贴身体；其他防守球员紧跟球门前其他进攻球员，形成干扰，判断球的运行路线，并积极拼抢第二落点球，尽快将球踢出危险区域。

（六）球门球攻防战术

球门球进攻战术一般分为两种：一是守门员直接踢或抛长传球，找前场的队友；二是将球传给后卫，层层推进组织进攻。第一种方式要利用对手注意力不集中的时机发起进攻；队友在前场较容易接到球，并实施有威胁性的进攻。这种方法比较安全，可以减少后场接球，但双方获得球权的概率是相同的，一般球队多采用这类方式。第二种方式是通过短传配合层层推进组织进攻。此方式要求球队有较强的中后场控球能力，可以通过配合传球打破对手的防守，组织进攻。

防守方面，防守球员要加强中场的拦截，集中注意力盯防本方半场内的对方球员。防守方前场球员应采用逼抢、抢占传球线路等方式抢截对手的球，给对手压力，使之出错，抓住时机组织进攻。

第四章

小场地足球运动体能教学训练应用

第一节　小场地足球体能特征

一、小场地足球运动的体能构成

体能是运动员的基本运动能力，它包括ATP-CP磷酸原供能系统、乳酸能供能系统、有氧氧化供能系统。三大供能系统是运动员能量代谢的基础。运动员的体能是通过速度、力量、耐力、协调、灵敏、柔韧等素质来表现的。小场地足球运动具有攻防转换快、攻防人员距离近、比赛时间短但有效时间比重大的特点，决定了小场地足球运动的体能主要由移动和反应速度、有氧和无氧耐力、爆发力、协调性、灵敏性、柔韧性等素质构成。

二、小场地足球运动的负荷特征

运动负荷又称“运动量”，是运动员在运动过程中承受的生理负荷。生理负荷包括负荷的量和强度。负荷量指练习次数、练习组数、练习时间、练习距离、练习重量等。负荷强度指练习的速度、密度、难度。负荷量和负荷强度是相互联系、相互制约的。在训练中，负荷强度表现为：负荷强度小，负荷量增加；负荷强度大，负荷量减少。

小场地足球运动的特点决定了小场地足球运动的负荷呈现以无氧耐力为主，兼顾速度和爆发力的特征。小场地足球运动负荷量的大小可以通过比赛中的有效时间和比赛中运动员移动的速度来衡量。即比赛中的有效时间长，负荷量大，反之则小；比赛中运动员移动的速度快，负荷强度大，反之则小。

三、小场地足球运动训练负荷的安排

根据小场地足球运动的负荷特征，小场地足球运动训练负荷主要体现在训练的强度上，合理、科学的训练内容和负荷是球员高质量完成比赛的基础。训练中负荷的安排要注意以下几点：

（1）训练负荷要保持适宜。负荷过小达不到训练效果；负荷过大可能超出运动员的承受能力，造成过度疲劳和损伤。两者均不利于小场地足球运动员体能的提高。

（2）小场地足球比赛的特点决定了在体能训练中应以高强度、小负荷的训练为主。负荷训练的强度要逐渐线性增加，特别是无氧耐力的训练。

（3）在进行力量素质训练时要注重爆发力的训练，训练的难度、训练的量、训练的强度要随着训练时间逐渐增加，并且以动力性练习为主。

（4）协调、灵敏、柔韧素质的训练强度应保持中等或中等偏上，应将训练安排在运动员体能充沛时，以不同的练习方式进行。

第二节　小场地足球运动体能教学训练方法应用

一、力量素质

足球运动是对抗性项目，良好的身体素质是进行训练、竞赛的保证；尤其是力量素质，它是运动员完成运动技术的前提，也是运动员自我保护的屏障。力量素质是小场地足球运动员在比赛中完成攻防转换、多次重复技术运用，充分发挥技术特点，完成战术任务的关键。同时，力量素质也是足球运动员大负荷、高强度训练的基础，更是保证其他身体素质提升的首要条件。

（一）力量素质概念及分类

力量素质是人体克服阻力的能力，发展力量素质主要表现为发展肌肉力量。

在足球运动中，力量素质分为基础力量素质和专项力量素质。基础力量指人体肌肉本身的最大力量，专项力量指完成足球特有的技术动作所需的肌肉力量。其练习方式主要包括负重抗阻力练习、对抗性练习、克服弹性物体阻力的练习、利用外部环境阻力的练习。

（二）小场地足球运动员力量素质训练的原则

1. 循序渐进

进行力量训练是提高身体素质的基础。基础力量是人体适应运动负荷的要素，可对运动负荷过程进行前提控制。基于足球运动员长远发展考虑，一定遵循循序渐进原则，根据年龄特点安排训练，让球员渐进发展力量。

2. 区别对待

不同的人，身体素质也不一样，因此，训练计划的安排应有所不同。

有针对性地制订训练计划，才能达到最佳的训练效果。

3. 控制运动负荷

无论是基础力量还是核心肌肉力量训练，教练员在制订计划时都有必要遵循控制负荷原则，这是训练有效的前提。制订计划时还应根据年龄特点控制负荷，进一步提升自身力量。针对青少年球员开展力量训练时，应合理安排训练负荷。青少年时期骨骼、肌肉迅速生长，因此进行力量训练时要正确掌握训练负荷与青少年球员可承受的负荷之间的关系，尽量采用中小负荷练习。

4. 训练顺序性

在平时的训练中，一定注意训练的顺序是从上肢或者下肢开始，到腰腹部为止；还要注意先进行大肌肉群训练，然后进行小肌肉群训练。

（三）小场地足球运动员基础力量（一般性力量）训练的方法

基础力量又称“一般性力量”，指球员进行基本活动的肌肉力量，它是足球运动员进行训练和比赛的基础。以下是身体各部位肌肉力量的常规训练方式：

（1）腓肠肌：各种形式的提踵练习。

（2）股四头肌：自重或负重蹲起、向前或向侧面的跨步蹬伸练习等。

（3）大腿后群肌肉：各种形式的小腿后屈练习、负重屈伸练习等。

（4）大腿前群肌肉：自重或负重的小腿前伸、直腿前屈练习等。

（5）臀部肌肉群：各种形式的蹲起、直腿后踢练习等。

（6）腹部肌肉群：仰卧起坐、转体、卷腹练习等。

（7）胸部肌肉群：俯卧撑、卧推练习等。

（8）肩部肌肉群：负重侧平举、负重颈前上推、负重直臂前上举练习等。

（9）肱二头肌：负重弯举练习等。

（四）小场地足球运动员专项力量的训练方法

专项力量指符合足球运动项目特点，能够满足足球运动技战术需求的力量素质。足球专项力量训练有助于提高球员掌握技术、完成战术的能力。主要包括颈部力量（斜方肌、胸锁乳突肌、颈阔肌等）训练、上肢力量（胸大肌、三角肌、肱二头肌、肱三头肌等）训练、腹背力量（腹直肌、腹斜肌、腹横肌、前锯肌、竖脊肌、髂腰肌等）训练、下肢力量（臀大肌、股二头肌、股四头肌、小腿三头肌等）训练。

1. 发展颈部力量的练习

颈部肌肉在足球项目中的应用主要体现在头球技术上，常配合腰腹部肌肉控制头球的速度及角度。

（1）自抗力头部后仰、前屈、左右侧倾

（2）头手倒立

（3）两人额头夹球对顶

（4）俯卧颈桥练习

【练习示例】俯卧颈桥：球员俯卧于地面，双手、双膝撑地。练习开始后，球员头部着地，双腿伸直，髋部向上挺起，以头部和双脚将身体支撑为桥状；双手离地，将自重转移至头部，保持颈桥姿势10—20秒，缓慢复原到准备姿势。间歇2分钟，以4—6组为宜。

2. 发展上肢力量的练习

上肢肌肉起帮助足球运动员保持身体平衡、协调的作用，也是足球运动对抗技术的参与肌群。

（1）俯卧撑、引体向上、双臂屈伸和俯卧撑姿势侧向爬行移动

（2）双手传抛实心球、足球或实心球界外球远掷

（3）负重推举

（4）哑铃和杠铃弯举

【练习示例】俯卧撑：球员俯撑于地面，身体挺直，腰腹部收紧，脚尖着地；双臂伸直支撑身体，双手间距与肩同宽。练习开始后，球员慢慢屈曲双臂，使身体下降并保持身体挺直，同时吸气，直至胸部接近地面；然后快速伸直双臂，将身体撑回起始位置，同时呼气，在顶端稍做停留。如此反复，每组15—30次，间歇1分钟，以4—6组为宜。

3. 发展腹背力量的练习

腹背肌肉群是协助足球运动员完成奔跑中的转身、急停、变向及与对

手的身体对抗的主要肌肉群。

（1）仰卧起坐、仰卧举腿、仰卧快速屈体

（2）侧卧体侧屈、俯卧体后屈

（3）头后或胸前负重体前屈和负重转体

（4）跳起空中转体和收腹用力顶球

（5）双脚夹实心球连续上跳、双脚夹球跳起甩出

【练习示例】仰卧举腿：两人一组，球员仰卧于地面，辅助者面对球员站于其头顶处。练习开始后，球员双手紧握辅助者脚踝，吸气的同时双腿伸直、并拢，做举腿动作。辅助者迅速将其双腿推回；双腿回落时，球员呼气。如此反复。每组15次，间歇2分钟，以4—7组为宜。

4. 发展下肢力量的练习

在足球运动中，下肢力量的作用最大，通常被运用在启动、变向、传接球、射门等技术中。

（1）立定跳远、多级跳、蛙跳、跳台阶

（2）肩负杠铃或手持壶铃连续上跳

（3）单腿或双腿上跳和连跳

（4）双腿多方向球上跳跃

（5）连续提踵

（6）弓步行进

（7）远距离传球和射门

【练习示例】连续提踵：球员手扶墙壁或护栏站立，重心落于一条腿，另一条腿屈曲，脚离地；吸气的同时，着地脚提踵，小腿后侧肌肉收缩至顶端时，停留1—2秒，呼气并缓慢落下。如此重复，每只脚30次，交替练习，以3—5组为宜。

5. 发展全身力量的练习

除具体部位的肌肉力量之外，足球做为对抗性运动项目，全身协调用力的能力也尤为重要。因此，力量练习中全身性的练习也必不可少。

（1）轻杠铃站姿快速推举

（2）两人各种形式的角力

（3）两人跳起，胸部或肩部互相冲撞

（4）两人一对一对抗护球

（5）助跑跳起头球

【练习示例】两人一对一对抗护球：在规定场地内，一名球员原地持球护球，不做摆脱盘带动作，另一名球员从其两侧或背后进行抢截。双方协调调动身体力量，通过肩、前臂、背等部位进行身体对抗。两人交替练习，单组练习时长为1—2分钟，以5—7组为宜。

（五）小场地足球运动员专项力量训练的建议

（1）注意练习安全，练习前认真做好热身活动，练习时精力要集中，练习后采用积极放松形式。在进行较大负荷练习时，要掌握正确的方法要领，加强保护，防止事故。

（2）训练速度力量和爆发性力量时，必须要求速度和强度，每组练习次数不宜过多，应适当延长组间间歇；训练力量耐力时，应保证练习组数在4组以上，每组多于15次，可适当缩短组间间歇。

（3）在力量练习中，身体各部分（上肢、下肢、腰腹）应交替进行，避免局部负担过重，组间间歇时应充分放松。

（4）力量素质提升速度快，停止训练后速度消退也快。为有效保持并发展力量素质，要注意训练间隔，一般每周要进行不少于两次的力量练习。

（5）力量练习一般被安排在一次训练课的后半部分，在拉伸放松前进行。顺序为先进行速度力量练习，再进行重量性力量练习，最后进行力量耐力练习。

（6）负重练习时应注意球员的承受重量及保护措施，15岁以下青少年应以自重练习为主，不建议进行负重练习。

二、速度素质

对足球运动员而言，速度素质是最基本，也最重要的素质。攻防转换频繁是小场地足球的显著特点之一，这一特点决定了小场地足球运动员在场上面临的战术更加快速、多变，需要球员相较于大场地足球具有更快的反应速度。小场地足球运动场地空间小的特点一方面使得球员在场上没有明确的位置和责任，每个人都需要投入进攻并回撤防守，这就需要场上球员5—10米的启动速度更快。另一方面，狭小的场地、更近的防守距离大大压缩了球员处理球的时间和空间，迫使球员具有更快的技术动作能力，发挥技战术特点，占得优势，抢得空间。

（一）速度素质概念及分类

速度素质指足球运动员在训练和比赛中快速运动的能力。按照常规的运动表现形式可以分为反应速度、动作速度、移动速度。但在不同的运动项目中，三种速度的表现形式和所占比例都有差异。就小场地足球运动而言，对运动员的运动表现起决定性影响的是反应速度、启动速度和人球结合完成技术动作的速度。

（二）小场地足球运动员速度素质训练的原则

1. 遵循自然生长规律，注意个体化差异

一个人的体能在其生长、发育过程中都有发展较快的时期，我们称之为“素质敏感期”。如在此期间加以训练和推动，会极大地促进个体这一素质的提升。在速度素质中，反应速度在6—12岁时有较大提升；9—12岁时提升得最为显著；12岁以后提升逐渐放缓；16岁时到达第二个顶峰；20岁后将逐渐减缓，直至停止。了解并遵循运动员的自然生长规律，并对这一规律加以利用，会使训练达到事半功倍的效果。

同时，应注意运动员的个体化差异，如反应速度由神经反射通路传导速度来决定，遗传程度极高，后天的发展空间相对小。这就意味着对一部分运动员来说，即使后天通过训练，这种能力也无法得到较大幅度的提升。教练员或教师应知悉并客观地对待这一情况，根据运动员的个体化差

异选择训练方式，并引导他们多样化发展。

2. 高强度、短时间

速度素质属于无氧供能的一种表现形式。在足球比赛中，速度的表现形式除快速技术动作外，多为持续时间为1—8秒、跑动距离为5—30米的启动跑或冲刺跑。在小场地足球比赛中，由于场地特殊，运动员速度素质运用持续时间、启动和冲刺距离更短。因此，在进行小场地足球运动员速度素质训练时，应遵循高强度、短时间的训练原则，多采用单组训练强度为90%—100%、完成时间为3—5秒、练习距离为5—20米的训练。

3. 注重情绪调控及相关素质配合训练

研究表明，适度的兴奋和稳定的情绪有助于运动员速度素质的发挥，过度兴奋或情绪低落则会抑制其速度素质的发挥。因此，在速度训练中，教练员应注意对运动员的兴奋程度及情绪进行调控。

人作为一个协调、统一的整体，某一素质的发展不可能是独立存在的，而是在一定程度上受到多种素质的影响，如速度素质就受力量、柔韧、协调等素质的影响。因此，在速度素质的训练中，应同时注重相关素质的配合训练。特别是在速度素质训练的提高遇到瓶颈时，不应把注意力集中于速度本身，可考虑借助相关素质训练来提升速度素质水平。

4. 将速度与技术动作练习结合

与田径等以提升个体速度为目的的项目不同，提升足球运动员的速度素质最终的目的是为技战术的完成提供保障，单纯地将速度素质的训练与技术练习完全割裂不符合足球运动对球员速度的实际需要。因此，足球运动员速度素质训练应注重与足球技术动作结合。

（三）小场地足球运动员速度素质训练的方法

1. 反应速度训练方法

【练习1】将球员分成两个纵队，相向而站，间隔1米。在两队中心点左、右距中心点10米处各摆放一个标志物，一红一绿。练习开始后，各队第一名球员根据教练员的指令做动作（高抬腿、蹲起、纵跳等）。同时，教练员给出“红”或者“绿”的指令，球员迅速起跑，奔向相应颜色的标志物，先踩到标志物者获胜。（见图4–1）

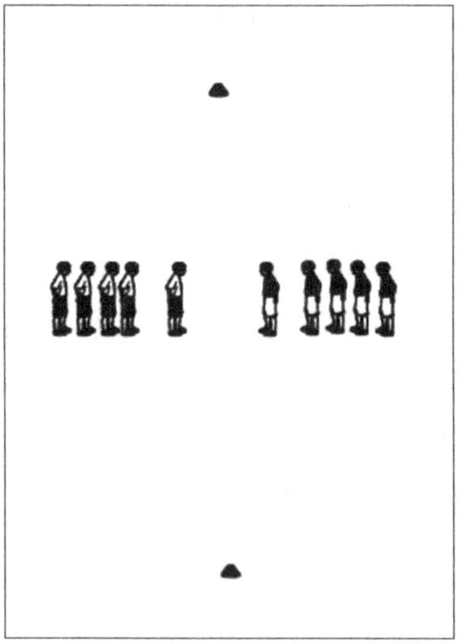

图 4-1

建议：

（1）进行此练习可以利用启动前的动作和力量，也可以与灵敏素质训练结合。

（2）进行此练习应注意球员数量，合理分组，避免球员长时间等待。

【练习2】在15米×15米的场地中，球员每人一球。教练员手持红、黄、绿三种颜色的标志物站于场边，红色代表“停球抬头”，黄色代表“运球转身”，绿色代表“快速运球”。练习开始后，球员自由运球，教练员随机举起一种颜色的标志物，球员根据标志物的颜色迅速做出相应动作。（见图4-2）

图 4-2

建议：

（1）可根据技术练习需求改变每种标志物代表的技术动作。

（2）应经常变换标志物代表的技术动作，保证反应速度练习的实效性。

2. 启动速度训练方法

【练习1】球员两人一组在距球门20米处面对球门并排站立，相距5米。教练员持球站于每组两人之间。练习开始后，教练员将球向前踢出，两人同时启动追球。先得球者盘带突破形成射门，未得球者防守。每组球员依次练习。（见图4–3）

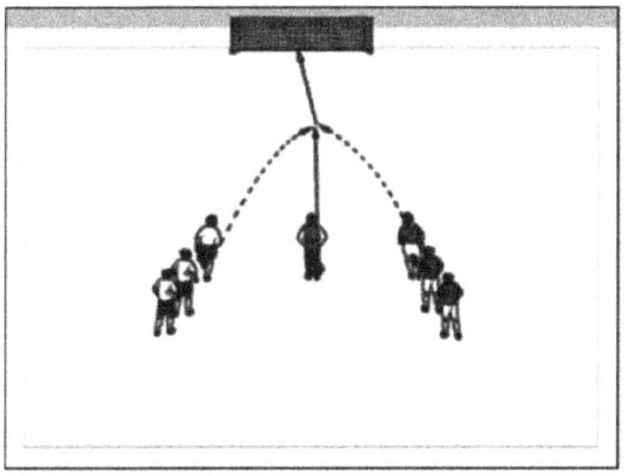

图 4–3

建议：

（1）分组时应当考虑对抗双方的速度水平，尽量将速度水平较为接近的球员分到同一组。

（2）可使用不平等起跑线或采取限制启动姿势的方式刺激球员发挥潜能。

（3）提示球员注意全速奔跑状态下与球接触瞬间的力量。

（4）组织青少年训练时应注意避免球员在高速跑动中身体接触时做出犯规动作，造成伤害。

【练习2】在15米×15米的场地中心放置若干个足球；将球员分成四组，分别成纵队站于场地的四个角。练习开始后，每队第一名球员快速启动，跑至中心放球区域，运回一个足球，与本队第二名球员接力。依次练习，直至中心区域的足球被运完。（见图4–4）

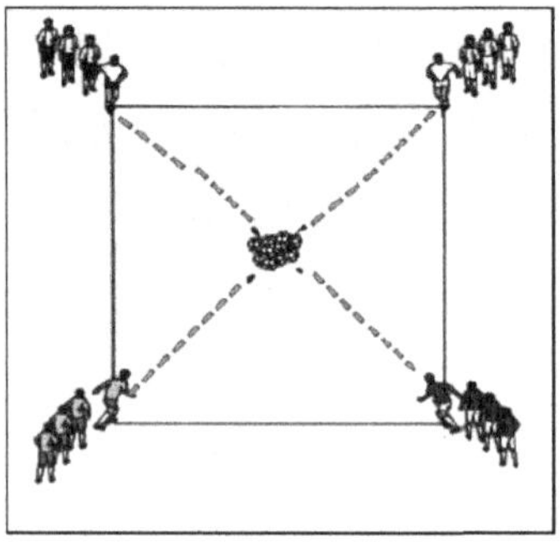

图 4–4

建议：

在安排年龄较小的球员进行此练习时，应规定往返路线和接力方式，避免相向跑动时与其他人相撞。

3. 人球结合完成技术动作速度训练方法

【练习1】在10米×30米的场地或足球场半场，根据场地长度设置起点线和终点线；根据球员分组数量在起点线上设置若干出发点。练习开始后，球员每人持一个球，以竞赛形式快速运球至终点线。依次进行。（见图4–5）

图 4–5

建议：

（1）可根据球员数量适当增加分组数量，避免等待时间过长，但应注意组与组之间的距离。

（2）可根据需要改变技术内容，如不同速度的运球、对触球次数进行限制、运球过标志物等。

（3）可将练习变为有条件限制的两组或三组之间的传接球配合。

（4）青少年球员在进行此练习时，教练员应注重提醒球员技术动作的正确性，避免因求快而造成的动作变形或错误。

【练习2】在较为狭小的空间中进行对抗练习，如在5米×5米的场地中进行二对二的分组对抗练习（见图4-6a），在8米×8米的场地中进行三对三的分组对抗练习（见图4-6b），在15米×15米的场地中进行四对四限制触球次数的分组对抗练习（见图4-6c）。

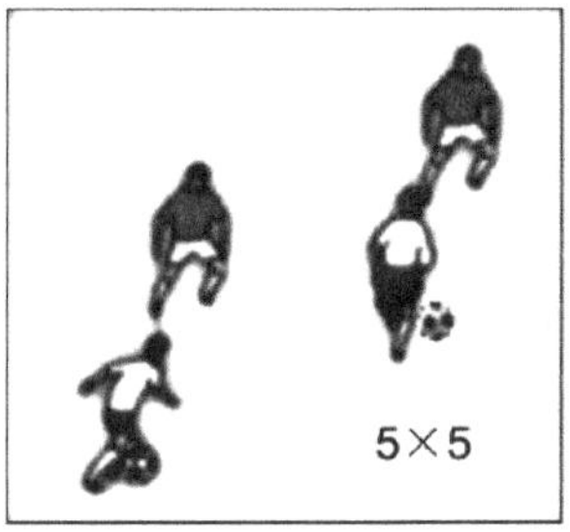

图 4-6a

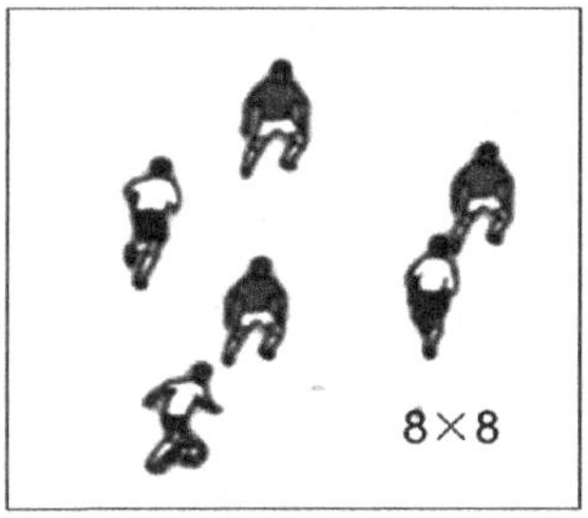

图 4-6b

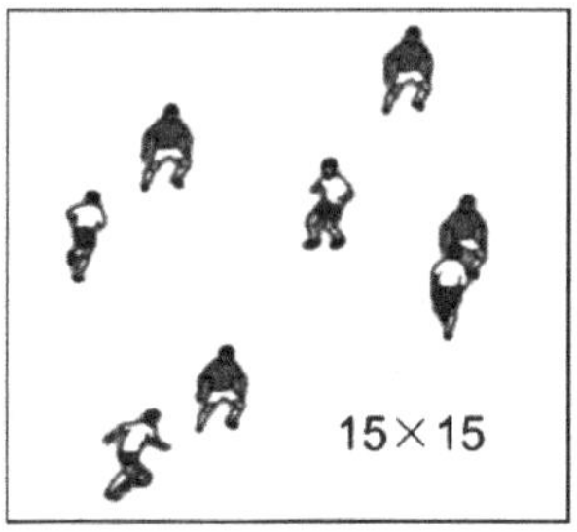

图 4-6c

建议：

（1）该练习的目的是压缩球员处理球的空间和时间，迫使他们快速完成技术动作。教练员可根据球员的实际技术水平扩大或缩小场地，不可一味地追求空间的压缩而忽视球员技术动作的完成质量。

（2）应准备足够数量的备用球，保证单组练习的有效时长。

（3）组织青少年进行此练习时应遵循循序渐进原则，在保证球员获得动作完成体验的情况下再寻求速度的提升。

三、耐力素质

在足球比赛中，球员持续运动的能力越强，说明其耐力素质水平越高。小场地足球运动有别于大场地足球运动，攻防人员距离更近、攻防转换更频繁、有效比赛时间比重更大。这样的特点决定了小场地足球运动对球员的耐力素质水平，特别是无氧耐力水平的要求更高。

首先，良好的耐力水平是小场地足球运动员在高密度攻防转换、高频次技术使用的环境中充分发挥技术特点、完成战术任务的关键。其次，耐力素质也是足球运动员承受高强度、大负荷训练的基础，是保证其他体能指标提升的先决条件。有研究表明，肌体在一定范围内承受的负荷越大、刺激程度越深，体能提升得越快。而良好的耐力素质是保证足球运动员承受长时间、大负荷训练的根本保障。

（一）耐力素质概念及分类

足球运动员的耐力指足球运动员长时间运动的能力，即对抗疲劳的能力。根据人体的生理系统，耐力可分为肌肉耐力和心血管耐力。肌肉耐力也称“力量耐力”，心血管耐力又分为有氧耐力和无氧耐力。有氧耐力是指肌体长时间进行有氧工作的能力；无氧耐力也叫“速度耐力”，指较长时间内肌体保持高功率输出的能力。

（二）小场地足球运动员耐力素质训练的原则

1. 注意循序渐进

身体素质的提升是一个周期较长的渐进过程。教练员或教师首先应客观评估参训球员的身体素质基础水平，根据其年龄特点安排合理的训练强度，且必须摒弃急于求成、成绩至上的错误思想，应为球员的长远发展考虑，训练遵循循序渐进的原则，使球员的耐力素质稳步提升。

2. 注意区别对待

首先，教练员或教师要清楚地认识到个体差异是普遍存在的。在体育训练中，可以说个体差异的本质就是身体素质的差异。如何根据参训球员的实际情况，因人而异、有针对性地制订训练计划是保证训练质量、提升训练实效性的关键所在。

3. **重视放松恢复**

随着训练的推进，肌体在消耗中必然产生疲劳。特别是耐力训练，本身体现的就是通过制造疲劳来提升肌体对抗疲劳的能力的过程。所以，让肌体从训练的疲劳中迅速恢复过来是保证训练持续的基础。教练员或教师应注重耐力训练后球员的放松和恢复；在教授放松恢复方法的同时，更应注重对球员放松恢复意识的培养。

4. **注重意志品质培养**

在耐力训练中，球员的肌体始终处于缺氧、耐酸的状态中，本体感受较差。所以在众多素质训练中，可以说耐力素质训练是培养球员意志品质的最佳途径。教练员或教师应有意识地通过耐力素质训练培养球员坚忍不拔的意志品质和刻苦训练的优良作风，这对球员综合能力的提升有着极其重要的作用。

（三）小场地足球运动员有氧耐力素质训练的方法

1. **无球有氧耐力训练方法**

【练习1】将球员分成两组；在训练场地内分别标出起点、20米点、60米点（折返点）、返程30米点、终点，并在终点后设置间歇区。练习开始后，第一组球员从起点出发，慢跑至20米点，在20米点和60米点之间采用中速跑（全速跑速度的60%—70%），折返后全速跑至返程30米点，以自然步速走至间歇区，并开始以自然速度跳绳。第二组球员出发，采用与第一组相同的方式通过各点后，到达间歇区。第一组停止跳绳，与第二组交换练习。（见图4-7）

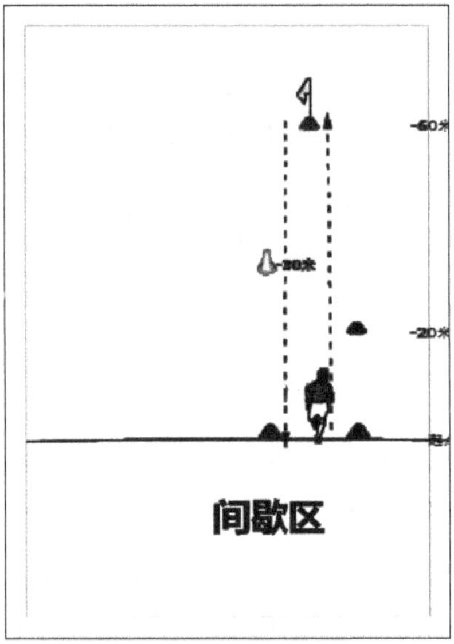

图 4-7

建议：

（1）在进行此练习之前，应进行至少5分钟的中低强度的热身。

（2）练习时，教练员或教师应确定每名球员在各阶段达到的速度要求。

（3）根据球员的年龄和体能情况确定练习时间，但此练习持续的时间不应少于10分钟。

【练习2】可利用整个足球场地或半个足球场地进行训练。可根据人数将球员分为两组或不分组。训练从场地的一个底角开始，球员沿底线或边线慢跑行进，到达另一个底角时，转身以中速（全速跑速度的60%—70%）或快速（全速跑速度的70%—90%）跑至对角；再沿场地边线慢跑至底角，转身加速跑至对角。如此反复，完成8次加速跑为一组。（见图4–8）

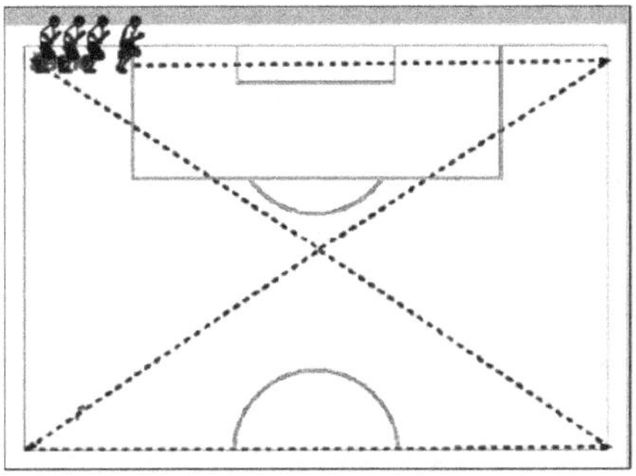

图 4-8

建议：

（1）根据球员的年龄和体能情况确定练习组数。

（2）可通过规定慢跑的时间来提升或降低练习强度。

（3）组间间歇时应进行低强度持续性运动，如颠球、跳绳、慢速运球等。

【练习3】可利用整个足球场地、半个足球场地、跑道进行训练。所有球员排成一队，沿场地逆时针慢跑。听到指令后，第一名球员迅速脱离队伍，沿场地快速跑一圈，回到队尾并发出指令；此时队伍的第一名球员开始沿场地快速跑一圈，回到队尾并发出指令。依次进行。（见图4-9）

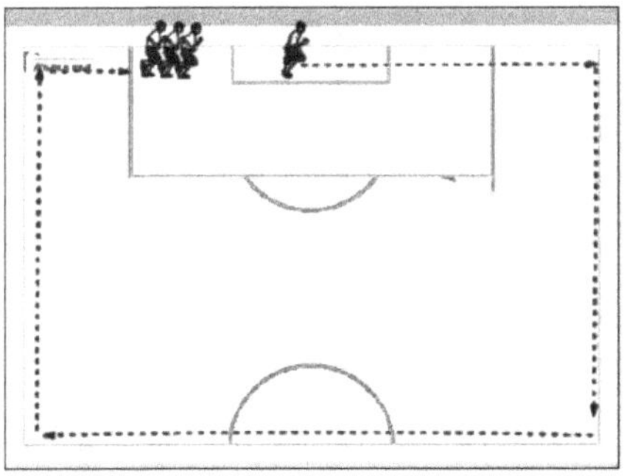

图 4-9

建议：

（1）根据球员的年龄和体能情况确定练习场地的大小。

（2）可根据场地的客观情况缩减单组练习人数和跑动距离。

（3）可通过控制每组球员的数量调控练习强度。

（4）此练习持续的时间不应少于15分钟。

2. 有球有氧耐力训练方法

【练习1】根据人数将球员分成若干队伍，任意两队互为对抗组；在场地内圈画出面积相等的区域；在场地周围放置多个备用球。练习开始后，对抗组进入场地进行控球攻防，攻防没有进攻方向。持球一方应利用传控，尽量长时间地保持球权；另一方抢夺球权，球权转换则攻守转换。若球出界，迅速使用备用球继续练习。（见图4–10）

图 4–10

建议：

（1）分配对抗组时，应考虑球员的技战术水平是否相近。

（2）应依据对抗强度确定练习时间，一般不少于5分钟。

（3）可通过缩小或扩大练习场、增加或减少对抗人数来控制练习强度。

（4）可根据对抗强度安排组间间歇内容，但应避免采用完全静止的间歇方式。

【练习2】在小场地中进行三对三、五对五的持续攻守练习，设一个球门、一名守门员、若干个备用球。练习开始后，双方争夺球权，获得球权的一方开始进攻。如果在进攻过程中将球打进，则马上接教练员或教师的传球，再次进攻；如果球在进攻过程中被防守球员抢断或路线被破坏而出边线，则攻防转换，由原防守方接教练员或教师的传球，开始进攻，直至练习时间截止或中圈的备用球用完。（见图4–11）

图 4–11

建议：

（1）应根据球员整体能力确定对抗人数。

（2）为避免进攻方简单、粗暴地完成进攻，可规定射门前的传球次数。

（3）可通过缩小或扩大练习场地、增加或减少对抗人数来控制练习强度。

（4）此练习持续的时间不应少于10分钟。

【练习3】将球员分成两组，进行分队对抗；在场地外设置折返区。一方进球后，可选择将对方一名球员逐入折返区，进入折返区的球员需在此区域内不停地折返慢跑；落后方进球后，可选择解救本方被逐入折返区的队友，也可选择将对方的一名球员逐入折返区。（见图4–12）

图 4–12

建议：

（1）应根据球员整体能力分组，尽量避免实力悬殊的情况发生。

（2）为避免进攻过于简单造成的参与进攻人数过少，可规定射门前的传球次数。

（3）可通过缩小或扩大练习场地控制练习强度。

（4）此练习持续时间可控制在20—40分钟。

（四）小场地足球运动员无氧耐力素质训练的方法

1. 无球无氧耐力训练方法

【练习1】在场地内按“之”字形摆放6—8个标志物，每两个标志物之间横向距离为5—7米，纵向距离为2—3米，在距最后一个标志物15米的地方设置终点。练习开始后，球员由起点迅速启动，以最快的速度分别触摸每个标志物后全速冲过终点，慢跑回到队尾。（见图4–13）

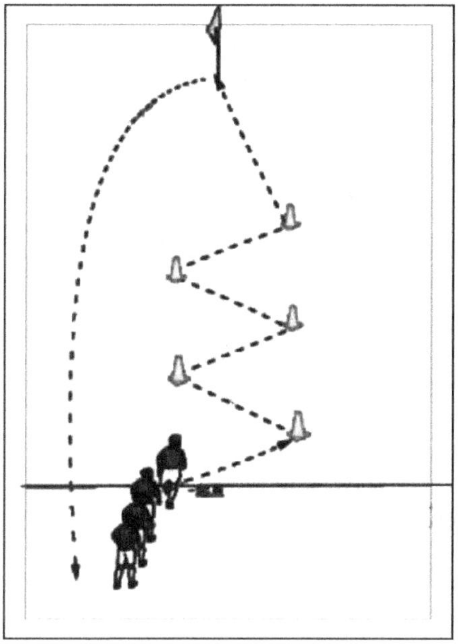

图 4-13

建议：

（1）可根据球员数量设置若干组，同时练习。

（2）同组球员可在不同的起点出发，以追逐的形式提升训练强度。

（3）可根据球员水平增加或缩短训练距离，应将单人完成时间控制在120秒内。

（4）组间间歇不应超过4分钟。

【练习2】

设置4个训练站点，分别为跳绳、小栏架、绳梯、15米冲刺。练习开始后，球员先进行20秒快速跳绳，再以纵跳形式跳过5个小栏架，快速完成指定动作的绳梯练习，最后进行15米的冲刺跑。（见图4-14）

图 4-14

建议：

（1）可根据球员数量设置若干组，同时练习。

（2）在练习过程中，教练员或教师应不断提醒、激励球员保持高频率动作。

（3）可根据现有器材变换各站点的训练内容，但必须均为快速动作。

（4）应将单人完成时间控制在60秒内。

（5）组间间歇不应超过4分钟。

【练习3】划定直径为10米的圆圈作为练习场地，并在圈外设置长度为10米的折返区。三人一组，各自编号；其中一人站于圈内，手持标志服一件，其余两人站于圈外。练习开始后，圈内人将标志服抛起的同时，喊出圈外任意一名球员的编号并迅速跑出圈；被喊球员迅速跑入圈内，在标志服落地前将它接住，喊出圈外任意一名球员的编号并再次跑出圈。如圈外球员在标志服落地前未将它接住，则迅速跑至折返区做快速折返跑一次，再回到练习中。（见图4-15）

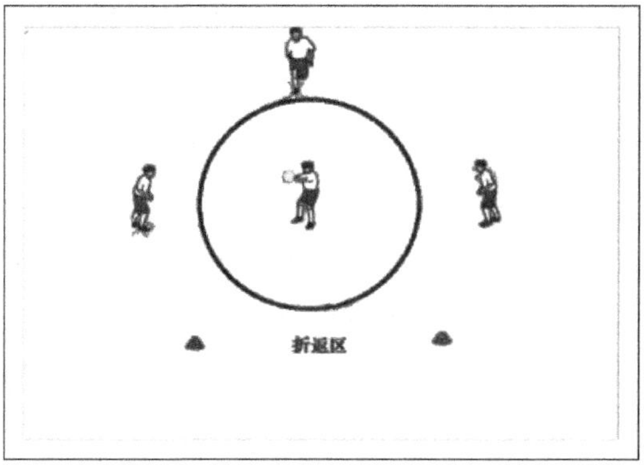

图 4-15

建议：

（1）可根据球员数量设置若干组，同时练习。

（2）在练习过程中，教练员或教师应保证练习的均衡性。

（3）参与人员不应超过4人，持续时间不应少于2分钟。

（4）组间间歇不应超过4分钟。

2. 有球无氧耐力训练方法

【练习1】在宽5米、长7米的场地内设置两个小球门，在场边放置多个备用球。在场地内进行一对一比赛，比赛时间为1分钟。教练员或教师将球踢进场地，比赛开始。若中途出现球出界、进球、犯规等状况，比赛均不间断，由教练员或教师再次踢球进场，继续比赛。最终进球多者获胜。（见图4-16）

图 4-16

建议：

（1）为保证练习强度，不建议增加此练习的人数。

（2）练习之前对球员进行分组、排序，减少练习上下场所需时间。

（3）如球员超过20人，则建议安排两块及以上的练习场地。

【练习2】以足球场半场作为练习场地；在一侧角旗区设置辅助球员和备用球，在中圈弧顶、大禁区两个顶端各摆放一个标志物。练习开始后，球员由左侧禁区顶端标志物处快速跑至另一端，急转后跑至中圈弧顶标志物处，触摸标志物后折返跑向门前，接角旗区传来的球，射门后，快速跑进球门，将球抱起送回角旗区。（见图4-17）

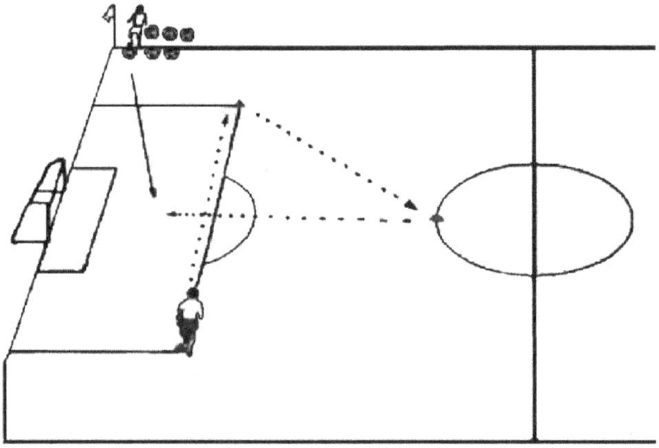

图4-17

建议：

（1）可根据现有场地情况酌情确定练习距离。

（2）在练习中不断提醒球员保持快速跑动。

（3）球员之间的练习衔接要迅速、紧凑。

（4）单人练习次数不应少于5次。

【练习3】在场地内设置两条相距10米的线，将球员分为辅助组和练习组。辅助组球员持球，每人脚下有一个备用球；练习组球员站于辅助组球员右侧。练习开始后，辅助组球员将球踢向对面横线，练习组球员迅速跑出，在球到达对面横线前将球拦截并将球运回出发点，辅助组球员再次将球踢出。如此反复，直至两组交换。（见图4-18）

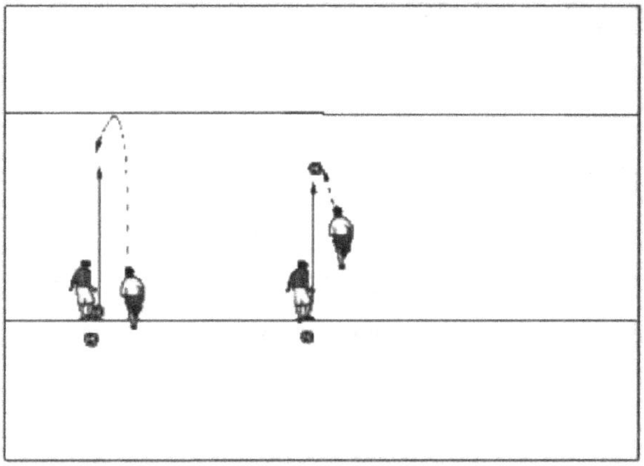

图 4-18

建议：

（1）提醒辅助组球员注意传球力量，迫使练习组球员达到最快速度。

（2）为保证练习量的相对统一，可用指令控制辅助组踢球。

（3）在练习中不断提醒球员保持快速跑动。

（4）此练习中两次传球间隔以10 — 15秒为宜。

四、柔韧素质

（一）柔韧素质概念及分类

足球运动员的柔韧素质指运动员在进行足球比赛和训练时韧带、肌肉、关节达到一定的活动幅度所需要的伸展能力。根据足球运动项目的特点，足球运动员的柔韧素质可分为动力性柔韧性和静力性柔韧性。动力性柔韧性指肌肉、肌腱、韧带根据动力技术动作的需要拉伸到解剖学允许的最大限度的能力，随即利用强有力的弹性回缩力来完成所需要的动作。训练前的拉伸活动就属于动力性柔韧性拉伸。静力性柔韧性指肌肉、肌腱、韧带根据静力性技术动作的需要拉伸到动作所需要的位置和角度，并保持一定的时间的能力。训练结束后的拉伸就属于静力性柔韧性拉伸。

（二）小场地足球运动员柔韧素质训练的原则

足球运动员柔韧性训练主要表现为肌肉的伸展训练和关节的灵活性训练。在训练过程中要坚持以下原则：

1. 练、赛匹配

柔韧性练习一般在热身时和结束部分进行，所以要结合训练的内容、强度选择相应的柔韧性练习。在以对抗练习为主的训练课上，对肌肉、韧带、关节等身体部位的柔韧性拉伸要充分，避免在对抗训练中拉伤肌肉或韧带。在以技术练习为主的训练课上，要注意肌肉的兴奋性和关节的灵活性的活动。柔韧性练习的主要目的就是保持身体的兴奋性，为技术学习提供保障。在进行比赛前的练习时，要将柔韧性练习与灵敏性、协调性练习结合，在充分活动身体的基础上还要保持身体的兴奋性。

2. 外部条件匹配

足球训练一般在室外进行，受天气、时间的影响比较大，室外温度比较低时，不宜进行强度较大的柔韧性练习。若要进行强度较大的柔韧性训练，首先要做慢跑，使身体微微出汗，肌肉温度上升后再进行练习，以减少运动损伤的发生。进行柔韧性练习要注意时间的安排，比较适合进行柔韧性训练的时段是10 — 18时。在外部条件允许的情况下，可以进行一些强度较大的柔韧性练习。

3. 柔韧与力量结合

单纯地进行柔韧性训练对足球运动员来说是不科学的。在进行柔韧性训练的同时加入一定的力量训练，可以间接地促进柔韧性的提高，并且能增加关节的稳定性和韧带的弹性，在一定程度上减少运动损伤的发生。

（三）小场地足球运动员柔韧素质训练的方法

1. 颈部的拉伸练习

【练习1】双脚平行站立，目视前方；左手放于头上，慢慢将头向左侧拉伸，直至颈部有拉伸感。保持一定时间后放松，换另一侧练习。（见图4-19）

图 4-19

【练习2】双脚平行站立，目视前方；双头抱头，慢慢将头压向胸前，直至后颈有拉伸感。（见图4-20）

图 4-20

建议：

（1）颈部肌肉韧带较纤细，要提示拉伸幅度。

（2）多方向、多次数拉伸。

（3）不建议借助外力练习。

2. 肩关节的拉伸练习

【练习1】双脚平行站立，上体直立，目视前方；左臂屈曲抬起，右手经头后部拉住左肘，持续将左肘拉向头部，直至左臂有一定的拉伸感。保持一定时间后放松，换另一侧练习。（见图4–21）

图 4–21

【练习2】双脚平行站立，上体直立，目视前方；左臂在胸前向右侧伸直，并与地面保持平行，用左臂将右肘向左肩拉近。保持一定时间后放松，换另一侧练习。（见图4–22）

图 4–22

【练习3】右手和右前臂抵着球门或墙壁站立，肘的位置略高于肩；收紧腹部，避免弓腰；右脚向前迈一步，右腿慢慢屈曲。保持一定时间后放松，换另一侧练习。（见图4–23）

图 4–23

建议：

（1）由于肩部韧带易损伤且难恢复，练习时速度应由慢到快，幅度应由小到大。

（2）至少安排两个及以上不同方向、不同方式的练习。

（3）可安排两人配合练习。

3. 腰、背部的拉伸练习

【练习1–1】跪于垫子上，双腿打开，与肩同宽，臀部坐于脚跟上；上体向斜前方下压，双肘撑地。

【练习1–2】缓慢抬起上体，双臂伸直，双手撑地，髋部缓慢向斜下方压。保持一段时间，随后重复进行。（见图4–24）

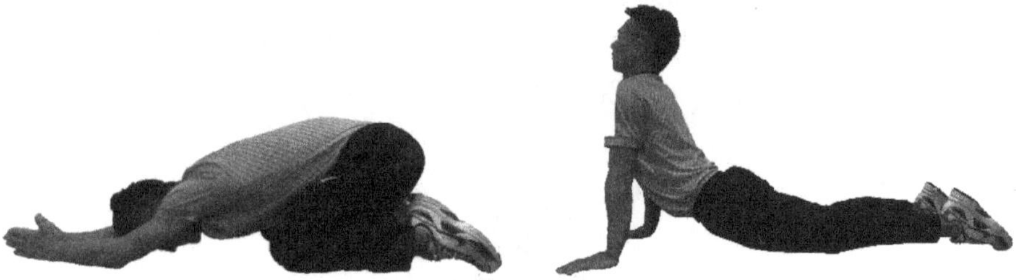

图 4-24

【练习2】仰卧于垫子上，双腿屈曲并拢，双臂侧平举，大腿与小腿、髋部与大腿的夹角约为90°；连续做左右转膝10 — 15次。（见图4-25）

图 4-25

建议：

（1）由于腰背部肌肉及韧带较粗壮，体积大，拉伸时应适当增加时长。

（2）拉伸动作要舒缓，幅度要由小到大。

4. 髋、腿部的拉伸练习

【练习1】坐于垫子上，双腿屈膝回收，双脚脚掌相对；双手握住脚掌，尽量将双脚向身体的方向回收；双肘支撑膝盖，身体缓慢前倾，双肘缓慢下压膝盖直至极限位置。保持一定时间后放松。（见图4-26）

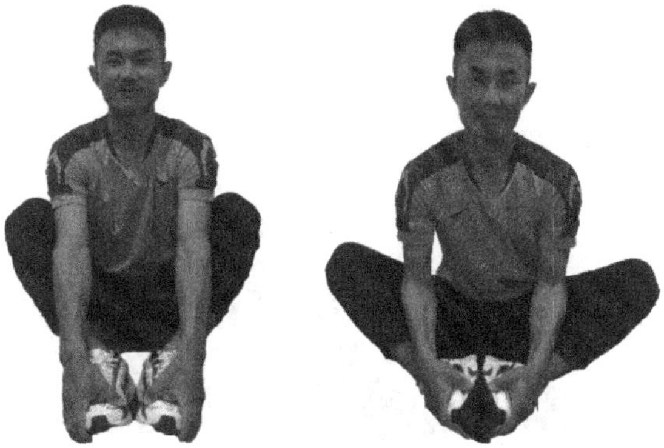

图 4-26

【练习2】跪于垫子上，双膝尽量分开，双腿小腿平行；上体前倾，双肘撑地，腰腹平直。保持一段时间。（见图4-27）

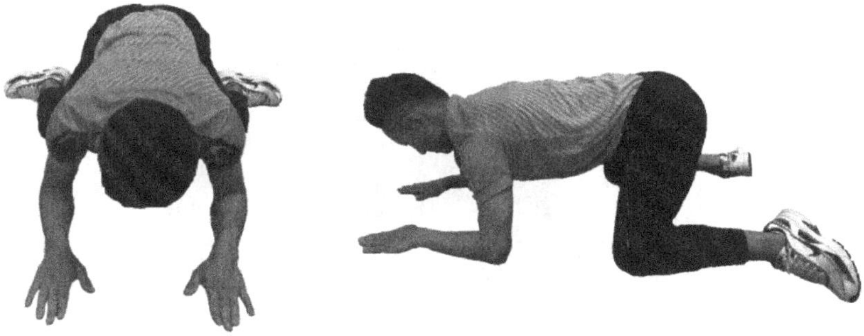

图 4-27

【练习3】右膝跪于垫子上，左腿弓步约90°；上体直立，目视前方；双手指尖相对放于左膝上；将身体重心向前移动，带动髋关节拉伸至最大限度。保持一段时间，随后换另一侧练习。（见图4-28）

图 4-28

【练习4】右膝跪于垫子上，左腿于体前伸直，脚跟撑地；右手前伸抓住左脚脚尖。保持一段时间，随后换另一侧练习。（见图4-29）

图 4-29

【练习5】左膝跪于垫子上，右腿于体侧伸直，脚尖朝前，脚掌着地；上体向前伸直，双手撑地，臀部下压。保持一段时间，随后换另一侧练习。（见图4-30）

图 4-30

【练习6】右膝跪于垫子上，左腿呈弓步；上体直立，目视前方；双手于体后握住右脚，将脚尖朝臀部方向拉伸。保持一段时间，随后换另一侧练习。（见图4-31）

图 4-31

【练习7】坐于地面，右腿伸直，左腿屈曲并跨过右腿，身体和头部向右转。保持一段时间，随后换另一侧练习。（见图4-32）

图 4-32

【练习8】双腿前后分开坐于垫子上，右腿于体后伸直，小腿贴于垫子上，左腿于体前屈曲，小腿外侧贴于垫子上，大、小腿夹角约为90°；双手放于体前，上体前倾贴于垫子上。保持一段时间，随后换另一侧练习。（见图4-33）

图 4-33

建议：

（1）腿部肌肉及韧带在足球运动中至关重要，相关的柔韧性练习要充分。

（2）由于腿部肌肉及韧带众多，应分别训练。

（3）在练习中应注意提示球员每个动作膝关节、脚尖的落地部位。

（4）可安排两人配合练习。

5. 小腿的拉伸练习

【练习1】俯卧，双臂伸直支撑于垫子上，伸直右腿，将左脚放于右脚脚踝上，随后下压脚跟；保持一段时间后抬起，进行5—10次。随后换另一侧练习。（见图4-34）

图4-34

【练习2】俯卧，双臂伸直支撑于垫子上，右腿屈曲，将左脚放于右脚脚踝上，随后下压脚跟；保持一段时间后抬起，进行5—10次。随后换另一侧练习。（见图4-35）

图4-35

6. **踝关节的拉伸练习**

【练习1】右脚撑地，抬起左脚在空中写“Z”字或画圆；重复数次。换脚练习。（见图4-36）

图 4-36

【练习2】双脚平行站立，左脚脚尖触地并绕环；重复数次。换脚练习。（见图4-37）

图 4-37

建议：

（1）踝关节是足球运动中的重要关节之一，相关的柔韧性练习要充分。

（2）在足球运动中，踝关节要具有较强的稳定性，其柔韧性练习应注重多方向性，避免韧带拉伸的长度过长。

（3）在练习中应提醒球员动作舒缓且有停顿，不可突然、猛烈。

五、灵敏性及协调性素质

（一）灵敏性及协调性素质概念

足球运动员的灵敏性指在训练和比赛过程中，运动员在身体突然变化的情况下迅速、准确、敏捷、有效地完成技术动作的能力。

足球运动员的协调性是在训练和比赛的过程中运动员身体各部位协同配合完成技术动作或战术活动的能力。足球运动员的灵敏性和协调性是互相促进的，因此协调性和灵敏性训练应同时进行。

运动员的灵敏性、协调性受遗传因素影响较大，因而在运动员的选材上要重视灵敏性、协调性测试。

（二）小场地足球运动员灵敏性和协调性训练的原则

1. 敏感期刺激

4—5岁是灵敏性素质的敏感期，6—9岁是协调性素质的敏感期。在足球训练中，可根据学生或球员的年龄，适当进行有针对性的强化训练，给予充分的刺激。另外，灵敏性、协调性训练应在球员肌体状态好、兴奋性较高的情况下进行；训练课开始时，多与准备活动结合进行。

2. 多素质同步

灵敏素质是多种素质的集中体现，与力量素质、速度素质关系密切，训练时应结合其他素质练习及有无球技术动作进行。

3. 手段多样化

此原则适用于处于青少年阶段的学生或球员，该年龄阶段的学生训练自主性差，有意注意时长较短。因此，针对青少年足球运动员的训练应以游戏性、竞争性和趣味性练习为主，要经常改变训练的难度。另外，灵敏性、协调性训练的时间不宜过长，单个练习重复次数不宜过多。

（三）小场地足球运动员灵敏性、协调性训练的方法

1. 脚步灵活性的练习

【练习1】灵敏梯训练

面向前方的训练：小碎步跑、小步跑、高抬腿、快速垫步跑（向前或向后）、直腿跳、并步跳、分腿跳、内跨步向前小步跑、双腿交叉向前跳、双腿交叉向后跳、转髋跳（向前或向后）、双腿开合跳、交叉步前移、剪刀跳（向前或向后）、梯内外小步跑、梯内外垫步跑。（见图4-38a）

水平方向的训练：侧面小步跑、侧面高抬腿、侧面进进出出小步跑、侧面并步跳、侧面前后跳、侧面跨步跑（左腿或右腿）、侧向前后跳（单腿或双腿）。（见图4-38b）

图 4-38a

图 4-38b

建议：

（1）可根据球员数量设置若干组，同时练习，保证练习密度。

（2）练习过程中，教练员或教师应根据球员的掌握情况及熟练程度增加或减少练习种类。

【练习2】球性和球感练习

主要包括双脚踩球、拨球、揉球，前脚掌踩拉球，脚内侧扣球等。建议先做原地练习，再做进行间练习。（见图4-39）

图 4-39

建议：

（1）练习过程中，教练员或教师应不断强调动作节奏。

（2）单组持续时间不应超过2分钟。

（3）教练员或教师应重点关注完成质量较差的球员，并予以指导。

2. 移动中快速变向或变速练习

【练习1】折返跑

根据实际情况将球员分组。球员每跑到一处标志盘都要把标志盘翻过来。实线表示“向前跑”，虚线表示“折返跑”。（见图4-40）

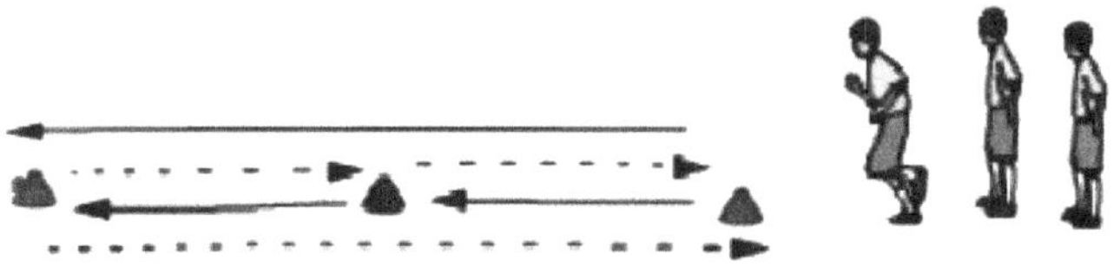

图 4-40

建议：

（1）可根据球员数量设置若干组，同时练习，保证练习密度。

（2）练习过程中，教练员或教师应不断强调动作频率，也可通过计时帮助球员保持动作频率。

（3）可在球员快速跑的途中为之安排其他不同的任务，如360度转身、绕过障碍等。

（4）单一任务不宜重复过多次数。

【练习2】向前跑和后退的组合练习

球员在标志盘后准备。实线表示“向前跑”，虚线表示“后退跑”。完成4次为一组。（见图4-41）

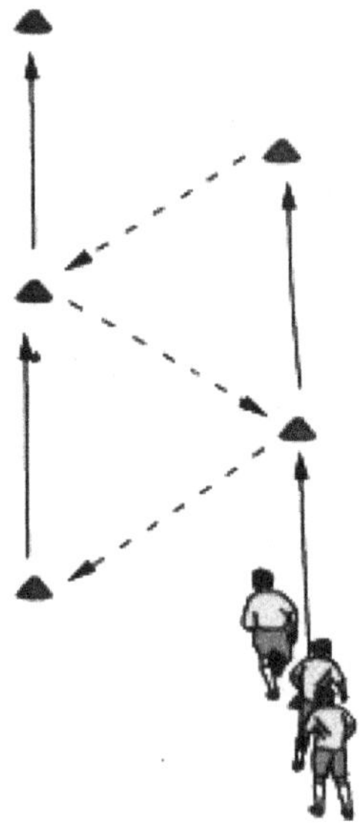

图 4-41

建议：

（1）可根据球员数量设置若干组，同时练习。

（2）练习过程中，教练员或教师应根据球员的体能情况适当拉长或缩短间隔时间。

（3）可通过两人追逐、两队竞速来提升练习强度和球员的兴奋性。

（4）可通过计时提升练习强度。

3. 运动员根据发出的指令或信号迅速做出反应的练习

【练习1】每名球员一个足球，在规定区域内自由带球；当指令发出，迅速带球跑到相应颜色的球门里。（见图4-42）

图 4-42

建议：

（1）可根据球员数量将球员分成两组或以上，交替练习。

（2）可通过扩大或缩小练习区域降低或增加练习难度。

（3）可通过减少练习区域内球门数量造成的人数与球门数量不匹配来提升练习强度和球员的兴奋性。

【练习2】听指令做出反应

（1）球员两人一组，面对面站立。在两人中间放一个足球。指令发出的同时，球员迅速将球抱住。（见图4-43a）

（2）球员两人一组，面对面站立，按顺序触碰身体的不同部位（头、耳朵、肩部、大腿、膝盖）后迅速去触碰对手的膝盖位置。（见图4-43b）

（3）球员两人或三人一组，背对前进方向蹲在地上或做原地小步跑，听到或看到指令后迅速转身向前快速跑。（见图4-43c）

图 4-43a

图 4-43b

图 4-43c

建议：

（1）尽量安排两人的对抗练习，以增加球员的专注度。

（2）练习过程中，教练员或教师可使用欺骗性指令和反口令来提升球员的兴奋性。

（3）应避免多次使用同一指令。

4. 使用标志物或足球进行一些复杂的综合性练习

【练习 1】游戏“正反标志盘”

将球员分为深色、浅色两组，红方的标志盘为正，蓝方的标志盘为反；红方尽可能把蓝方的标志盘变为正面，蓝方尽可能把红方的标志盘变为反面，在规定时间内改变标志盘的方向数量多的组获胜。刚开始时球员不带球，熟练后可带球进行练习。（见图 4–44）

图 4–44

【练习2】组合练习

球员完成由灵敏梯、圆圈、小跳架、变向跑、快速跑组合起来的综合性的练习，可在变向跑阶段加入足球进行练习。（见图4-45）

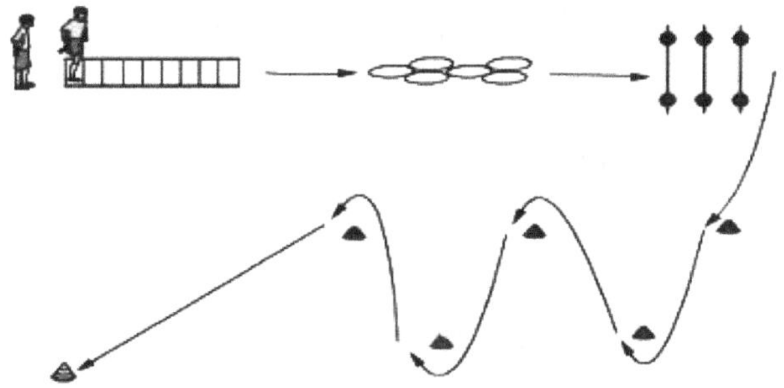

图 4-45

建议：

（1）此练习适合全队球员参与；若人数过多，可采用两大组交替进行的形式。

（2）此练习适用于大段时间的灵敏、协调性专门练习，不建议在小段时间内使用。

（3）可通过两队竞速或对抗来提升练习强度和球员的兴奋性。

（4）可通过计时提升练习强度。

第三节 小场地足球守门员体能教学训练方法应用

小场地足球运动与大场地足球运动在技战术运用、体能特点、位置要求等方面有着较为明显的区别，由此，场上各个位置对球员的要求也不相同。特别是守门员位置，随着场地的缩小，对守门员在场上的位置要求和技战术要求也随之变化。小场地足球守门员的技战术特点更接近于场上球员，但由于球门的存在、活动区域的局限，他们又与场上球员不完全一样，这就决定了对他们的体能要求及体能训练方法区别于场上球员。因在小场地足球运动中，三人制、四人制不设守门员位置，本节内容主要针对五人制、七人制足球运动中的守门员体能训练展开研究。

一、守门员速度训练方法

小场地足球守门员速度素质主要包括反应速度、启动速度、动作连接速度。在速度中的加速跑速度、冲刺速度等方面，小场地足球运动中守门员位置体现得不明显，在这里不做研究。

（一）反应速度

反应速度指人体对各种信号刺激（声、光、触等）迅速应答的能力。对小场地足球守门员来说，反应速度至关重要。可以说，守门员在场上的大多数行为都是对某一种刺激的应答，射门、出击、截获传球等都需要守门员迅速反应。在小场地足球运动中，随着场地的缩小，守门员的反应时间被进一步缩短，因此，有效的训练更显重要。

【练习1】两人一组，每组可由一名辅助球员、一名或两名守门员组成。两人相距1—1.5米，每人双手各持一个球。练习开始后，持球人随机放开其中一个球，另一人在球落地之前迅速将球接住并还给持球人。反复练习。（见图4–46）

图 4–46

建议：

（1）可通过增加球员与辅助球员之间的距离，以及球运行的线路（掉落、抛起、反弹、地滚）来增大难度。

（2）可增加对球员的要求以增大练习难度，如要求球员背对辅助球员，转身后接住掉落的球。

（3）此练习应在快速的状态下完成，缩短单次练习之间的时间。

【练习2】三人一组，一人练习，两人辅助；准备若干个球。球员与辅助球员相距3—5米；辅助球员一字排开，各相距1米。练习开始后，球员站于球门前与其中一名辅助球员进行脚内侧快速传球，另一名辅助球员在球员任意一次传球后将球踢向球门，球员做出扑救后继续与辅助球员传球，等待下一次射门。（见图4-47）

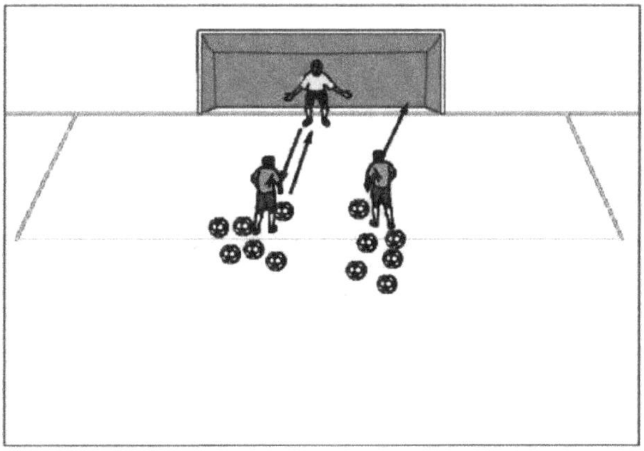

图 4-47

建议：

（1）可使用正规球门，进行多组练习时也可用标志物、分队服代替球门。

（2）可根据球员的水平确定球门大小、射门距离、射门方式及球速。

（3）根据球员的水平，可将踢球改为手抛球。

（二）启动速度

启动速度指人体从静止状态迅速变为跑动状态，获得位移的能力，速度越快，代表能力越强。小场地足球运动的特点决定了守门员要经常参与进攻，因此，他们在球队守转攻、攻转守环节需要迅速启动参与进攻或回防门前。到达门前进入防守状态时，又需要根据对手的进攻、球的位置的变化迅速做出位移，占据有利防守位置，甚至需要经常与对方接球进攻球员争抢来球。

【练习1】在场地内设置三条线，各相距5米；球员站在第一条线上，辅助球员站在第三条线上；准备若干个球。练习开始后，球员在第一条线做横向步法练习，辅助球员选择时机将球踢向第二条线；球员迅速启动，在球到达第二条线之前将球拦截，抛给辅助球员并回撤到第一条线继续进行步法练习。（见图4-48）

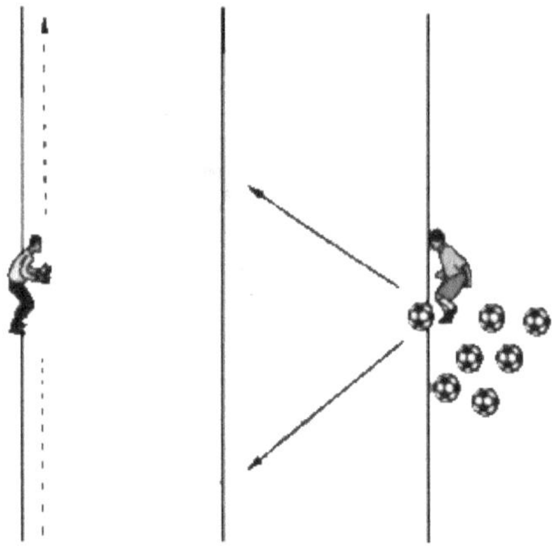

图 4-48

建议：

（1）应注意缩短单次练习之间的时间，增加球员启动的次数。

（2）可根据球员的水平改变给球方式（手抛、地滚、反弹）和球速，或通过增加、缩短第二条线与第三条线之间的距离来控制练习难度。

（3）练习过程中，辅助球员或教练员应时刻提醒球员迅速启动，并给予鼓励。

【练习2】两人一组，相距5米，相对站立。在场地内设置四个标志物，其中两端的标志物相距10米，中间两个标志物相距2米。球员站于中间两个标志物之间，与辅助球员进行脚内侧连续传球练习；辅助球员随机将球员回传的球传向两端标志物与中间标志物组成的“球门”；球员迅速启动，在球进门之前完成拦截或扑救，并将球传回到辅助球员脚下。继续传球。（见图4–49）

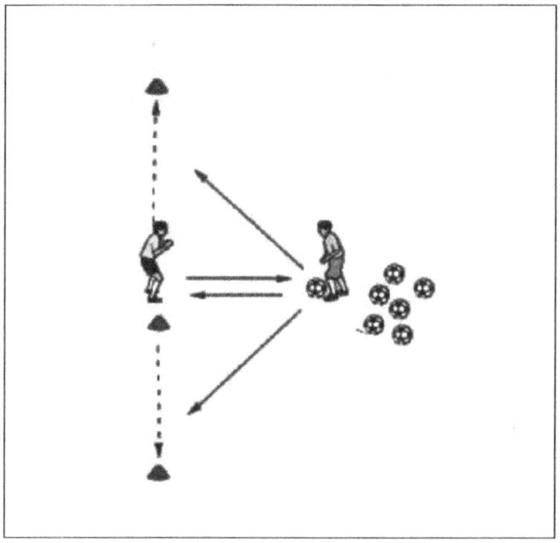

图 4–49

建议：

（1）可根据球员的水平改变给球方式（手抛、地滚、反弹）和球速，或通过改变两端标志物之间的距离来控制练习难度。

（2）练习过程中，辅助球员或教练员应时刻提醒球员迅速启动，并给予鼓励。

（三）动作连接速度

动作连接速度指守门员完成一个守门动作或一次位移之后再次完成守

门动作或位移的能力。这是一种与实战结合得极其紧密的速度素质能力，特点是连接动作时身体姿态不固定、动作之间无间歇或间歇时间极短，多发生在进攻方短时间内多次获得射门、补射机会的情境中，是守门员连续防守能力的体现。

【练习1】两人一组，球员站于球门前，辅助球员距离球门10米，脚下被放置若干个备用球。辅助球员先以地滚球的方式射门，球员扑救后再迅速接辅助球员抛出的高空球。两轮为一个练习组合。（见图4-50）

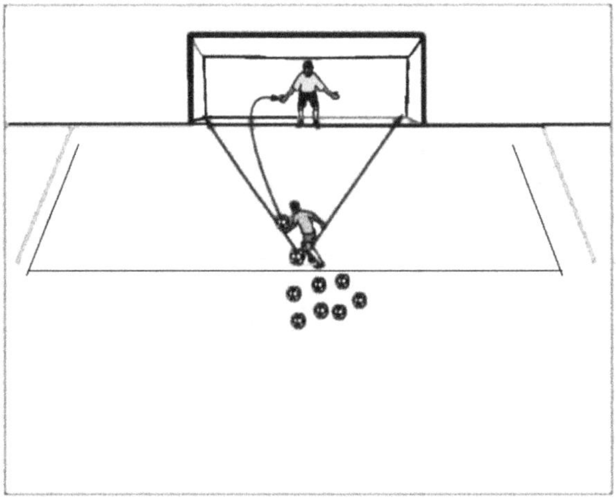

图 4-50

建议：

（1）可以任意两种射门方式进行组合练习。

（2）教练员或辅助球员应不断提醒球员两次扑救之间的连接动作速度。

（3）可根据球员的水平增加辅助球员的数量，但练习难度应以球员可以完成为标准，不建议一味地追求高难度。

【练习2】在门前大禁区和小禁区之间分别设置左、中、右三个射门点，球员站于门前正常防守位置，三名辅助球员各站一个射门点，准备若

干个球。练习开始后，辅助球员按照一定顺序依次射门，球员迅速连接三个扑救动作。（见图4–51）

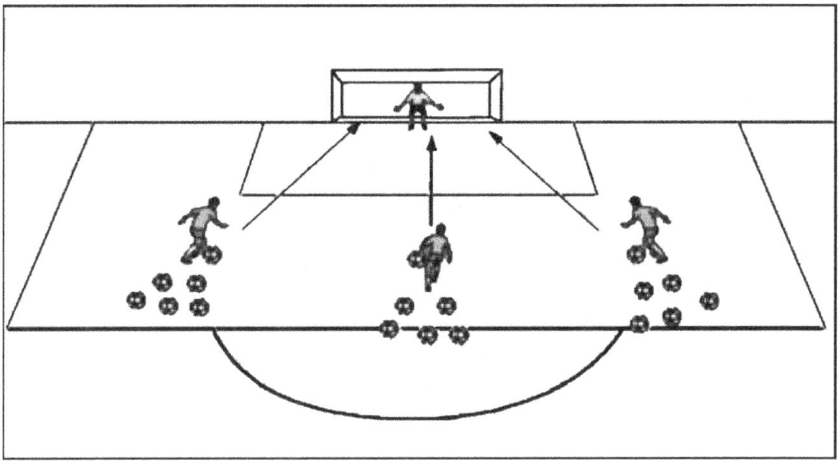

图 4–51

建议：

（1）以完成规定扑球数量或以踢完备用球作为单组练习时间均可。

（2）可以改变射门顺序、射门方式及球速来提升训练难度和实战性。

（3）可以增加射门点的数量来提升单组练习的连接动作数量。

二、守门员耐力训练方法

尽管在小场地足球运动中，因战术需要，守门员会经常参与进攻，但由于担负防守球门的任务及由此造成活动区域受限，小场地足球守门员的移动距离较场上球员大大缩减。小场地足球守门员的耐力需求呈现出无规律、无周期的特点。单纯的定量耐力训练对于守门员不具有实战提升价值。

（一）守门员无氧耐力训练方法

守门员无氧耐力指守门员在无氧代谢供能的情况下较长时间进行肌肉活动的能力。小场地足球运动场地小、攻防转换频繁，极易在短时间内形成进攻。守门员短时间内进行多次启动、位移、扑救时依靠的就是无氧耐力。

【练习1】两人一组，辅助球员站于球门前10米处，球员站于门线中点处，准备5—10个球。练习开始后，球员沿球门线横向快速移动，依次触摸两个球门柱后回到中点；辅助球员以随机脚法射门；球员做出扑救后迅速从球门线中点出发，横向快速移动，触摸门柱后做出下一次扑救。（见图4-52）

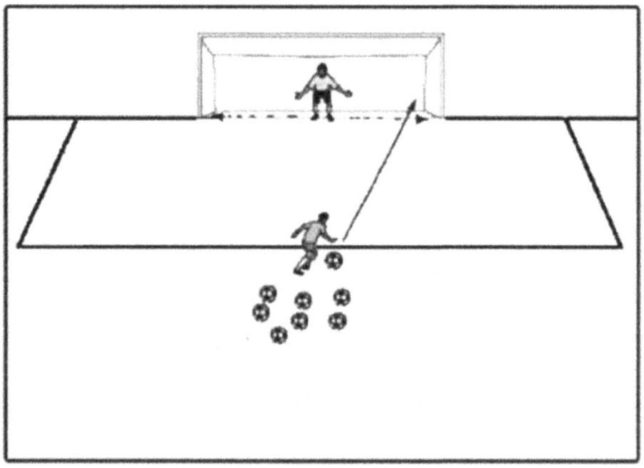

图 4-52

建议：

（1）练习过程中应不断强调动作的连续性和速度。

（2）根据球员完成动作的速度情况，单组练习射门次数最多不超过10次。

（3）可在门前5米处摆放标志物，球员可由横向移动变为纵向移动。

【练习2】两人一组，辅助球员站于小禁区一侧，球员站于球门前正常防守位置；在小禁区线上等距放置10个足球。练习开始后，辅助球员向球门抛球，球员跳起接球，落地后将球抛还给辅助球员；在不停顿的情况下将小禁区线上的一个球以开门球形式踢出。依次完成10次组合。（见图4–53）

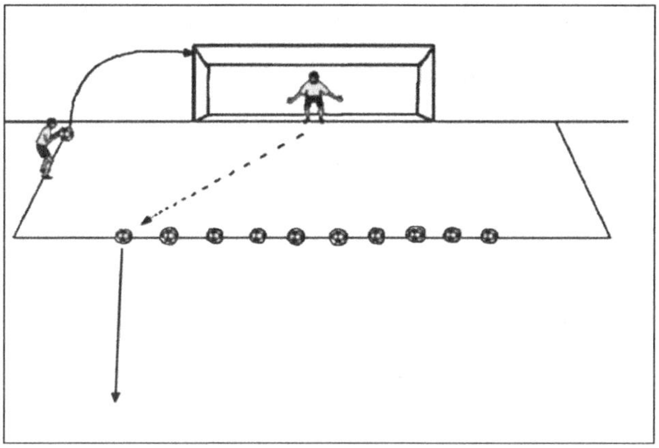

图 4–53

建议：

（1）练习过程中应不断强调动作的连续性和速度。

（2）练习时应根据球员的惯用脚来选择辅助球员的位置。

（3）根据球员的年龄和体能情况确定练习次数，不得低于5次。

（二）守门员有氧耐力训练方法

守门员有氧耐力指守门员肌体长时间进行有氧工作的能力。小场地足球运动比赛时间较短、换人没有限制等特点决定了有氧耐力不作为守门员的主要素质，训练中一般不做专门性练习。建议跟随其他位置球员练习即可。

三、守门员力量训练方法

小场地足球守门员在比赛中常做的动作是踢、跳、扑、挡、掷，其技术特点决定了守门员在完成技术动作时，除具备一定的基础力量之外，应更注重速度力量（爆发力）的练习。且因小场地的空间特点，进攻球员与守门员产生直接对抗的概率增加；守门员的对抗力量，即躯干核心力量在对抗中的协调配合输出也是训练的重点。

（一）基础力量训练方法

基础力量不仅是足球守门员的基本素质，更是足球训练者甚至各运动项目训练者的基本素质。其具体训练方法可参考本书第四章第二节力量素质中的基础力量训练方法。

（二）速度力量训练方法

速度力量指守门员迅速发挥各部位肌肉力量的能力，是足球守门员体能的重要部分，也是守门员技术动作质量和实际效果的关键性保障。

【练习1】在场地内纵向摆放5—8个栏架，每个栏架间隔50厘米；在距最后一个栏架7米处安排一名辅助球员；准备若干个球。练习开始后，球员从第一个栏架开始做连续纵跳，跳过所有栏架，接住辅助球员抛出的高空球后将之抛回，慢走回到起点。重复以上练习。（见图4-54）

图 4-54

建议：

（1）此类练习应与守门员基本技术动作结合。

（2）做纵跳类练习时应避免在坚硬的地面进行。

（3）必要时可负重做纵跳，但15岁以下青少年不可进行负重练习。

【练习2】两人一组，相距3—5米，相对站立；一人持药球，双脚固定，以腰腹和上肢力量将药球抛给对面球员，对面球员接球后以相同方式抛回。（见图4-55）

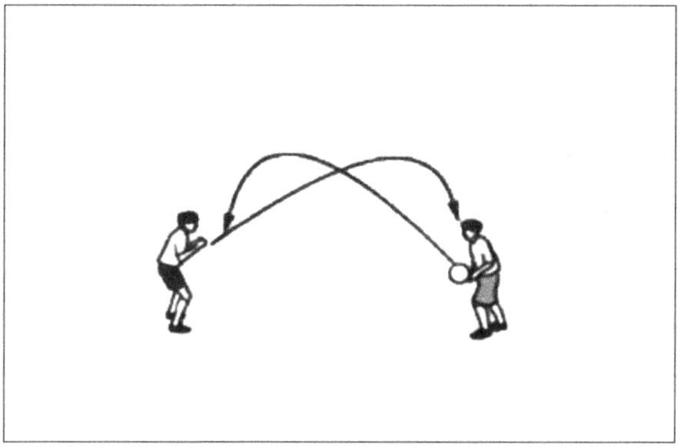

图 4-55

建议：

（1）此练习之前，应进行充分的热身准备。

（2）练习过程中，教练员应不断强调迅速发力。

（3）安排此练习时，药球的重量应由小到大，确定有效、合理的重量，避免发生损伤。

（三）对抗力量训练方法

对抗力量指在与对方球员发生肢体接触时保护、控制或抢夺球权时使用的力量。它的基础是身体的一般性力量，关键在于根据不同的情况和身体姿态调动身体各部位肌肉，协调发力。与其说它是一种力量，不如说它是一种力量协调、顺利输出的能力。

【练习1】三人一组，两名球员站于球门线处准备，辅助球员站于大禁区线处。练习开始后，辅助球员将球抛向小禁区，两名球员同时起跳出击，在空中通过对抗抢夺球权。（见图4–56）

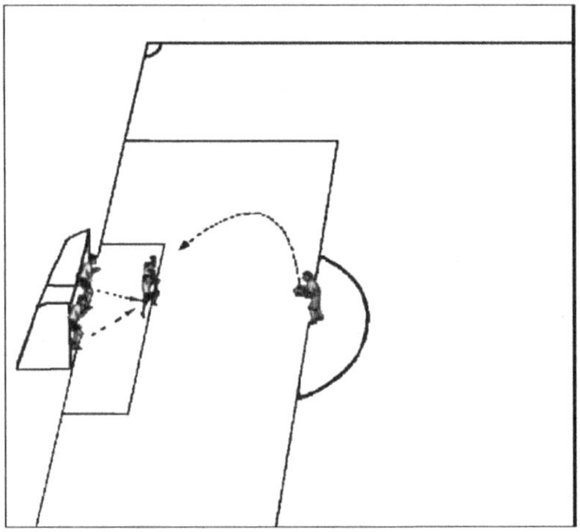

图 4–56

建议：

（1）在正式练习之前，可在地面以起跳对抗的方式辅助练习，帮助球员体会对抗发力。

（2）教练员应指导球员起跳时的方向、姿势、空中用力部位，以及下落时的保护和缓冲。

（3）可采用多角度抛球的方式。

【练习2】三人一组，一名辅助球员持球站于大禁区线上，球员站于门前，处于防守状态，另一名辅助球员站于球员身旁。练习开始后，持球辅助球员将球传入禁区，另一名辅助球员主动与球员产生身体接触，球员与辅助球员对抗后获得球权或将球扑出。（见图4–57）

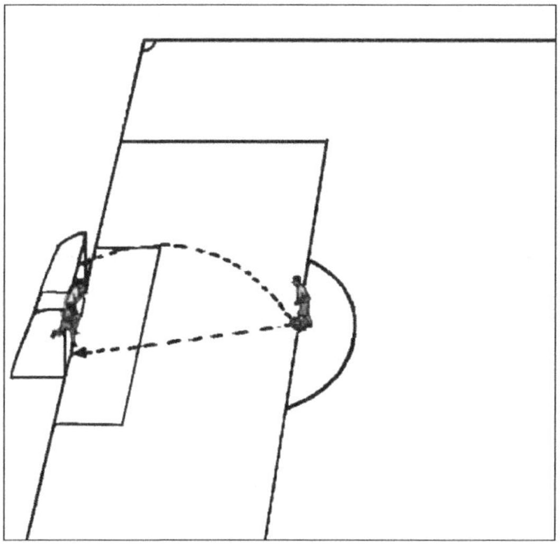

图 4-57

建议：

（1）在练习开始阶段，负责对抗的辅助球员可以采用消极对抗的方式。

（2）练习时，持球辅助球员可采用多种方式传球（地滚球、半高球、高球），以提高练习的实战性。

（3）练习过程中，教练员应提示球员体会对抗用力和自我保护。

第五章

小场地足球运动竞赛组织

第一节　小场地足球竞赛的组织工作

竞赛组织涉及的领域众多，是一项复杂而细致、层次分明的工作，它是竞赛活动顺利开展的保证。竞赛组织工作的优劣直接影响竞赛活动的质量，也是竞赛活动是否成功的重要评判指标之一。

竞赛的组织工作可分为竞赛前筹备工作、竞赛期间工作和竞赛结束后工作。

一、竞赛前筹备工作

（一）组织机构的成立及职责

足球竞赛组织机构的组建及机构规模应与竞赛规模、级别相适应，一般分为全国性、地区性（省市）、区域性（区县）、片区性（学区、街道）、单位性（单位、学校）竞赛，一般由上一级部门主办，由对口下级单位承办，并且由承办单位负责成立组织委员会，具体指导竞赛工作。一般性足球竞赛组织委员会的机构设置见图5-1。

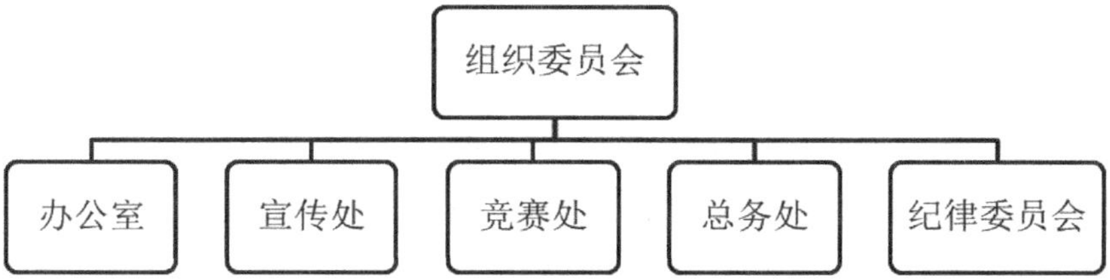

图 5-1

1. 组织委员会职责

组织委员会负责宏观指导竞赛活动的筹备、进行和结束环节中的各项工作及总结。由于竞赛活动工作涉及面广，一般竞赛组织委员会成员会包括各有关方面的领导，以便解决竞赛开展过程中遇到的各种问题。

（1）总体把握竞赛活动的发展和走向

（2）讨论并批准竞赛规程、工作计划

（3）赛前听取筹备工作汇报，研究解决有关问题

（4）赛后听取并组织讨论竞赛总结，处理有关问题

2. 办公室（秘书处）职责

（1）根据组委会的推选和任命落实各部门的工作人员

（2）拟定工作日程和计划，主要包括组委会会议筹备，裁判员报到安排，场地和器材筹备，开幕式、闭幕式及发奖相关工作安排，领队会议筹备，进行竞赛总结等

（3）制定各种规章制度和须知

（4）负责与竞赛有关的一切外界联系

（5）安排赛后新闻发布会、记者招待会

3. 宣传处（组）职责

（1）组织竞赛活动的宣传和报道工作

（2）研究制定先进队和先进个人的评选条件和细则

（3）组织与竞赛有关的参观、交流等活动

4. 竞赛处（组）职责

（1）筹备裁判工作

确定裁判员人数，制定执裁表等，组织裁判员学习、讨论并研究规则，统一判罚尺度，做好赛前的思想和业务上的准备。

（2）组织报名，编排、印制比赛秩序册

竞赛秩序册应包括组织委员名单、大会工作人员名单、裁判员名单、纪律委员会名单、竞赛规程、各代表队名单、竞赛日程表、成绩记录表等。

（3）审查参加比赛的运动员资格

（4）筹备并检查比赛场地及比赛器材（包括场地设备、器材和裁判用具等）

（5）召开有关比赛的大小会议，如裁判长、领队、教练员联席会议等

（6）安排各队训练、踩场，协调各参赛队伍的训练和比赛事宜

（7）统计、公布比赛数据并排名

5. 总务处（组）职责

（1）竞赛期间的经费预算

（2）除比赛物资外的其他物资准备及后勤保障

（3）竞赛期间的生活管理，如交通、食宿、医疗等

（4）大会的安全保卫工作

6. 纪律委员会职责

纪律委员会是竞赛的仲裁机构，在组委会的领导下进行工作。任务是复审比赛期间执行比赛规则、竞赛中发生的纠纷，保证比赛规则、竞赛规程正确执行；职责是研究并处理整个竞赛过程中违反竞赛规程和竞赛规则的代表队，以及个别运动员、裁判员、领队、教练员和随队其他工作人员，对他们采取警告、暂停或取消比赛资格或工作资格等纪律措施。

（二）组织方案的制定

竞赛组织方案的制定要根据竞赛的总体规划和竞赛性质展开。一般包括以下内容：

1. 竞赛的名称、目的和任务

竞赛名称一般根据赞助商名称、主办单位名称等因素确定。

2. 竞赛的规模

根据竞赛的开展目的确定，应主要考虑竞赛级别、涉及范围、参加单位和运动员人数、竞赛期时间跨度等因素。

3. 竞赛的组织机构

根据实际需要建立，内容包括竞赛的组织形式、工作人员的名额、组织委员会下设的主要工作部门及负责人名单等。

4. 竞赛的经费预算

通常根据实际需求制定，受竞赛经费划拨、赞助商赞助金额等因素制约。内容包括竞赛场地的修建（租赁），器材设备的购置（租赁），奖品和奖金、交通、食宿、接待、医疗等事宜，相关人员酬劳。

二、竞赛期间工作

（1）竞赛期内，组委会应对照比赛的目的和任务，不断地对参赛队伍相关人员进行教育和引导，要求各队伍端正比赛态度，理智对待胜负，尊重裁判及观众，及时肯定、表扬先进队伍和球员。

（2）每天比赛结束后，裁判员要就比赛中出现的重大问题及时写出书面报告，上交纪律委员会做出处理并及时公布处理结果。

（3）竞赛处应经常对比赛场地、器材和设备进行检查和管理，及时处理出现的问题。

（4）遇特殊情况需要更改比赛日期、时间和场地时，组委会应及时通知有关部门和比赛队。

（5）总务处应责成医务组根据季节或实际情况采取必要的预防疾病的措施，要在每场比赛前做好医护准备工作，在赛中及时处理发生的伤病事故。

（6）总务处应经常巡查住宿和比赛场地情况，保证治安保卫工作落到实处。

（7）竞赛各部门应与各球队保持畅通的联系，不断改进工作。

（8）必要时召开领队、教练员、裁判长联席会议，客观、公正、及时处理赛前、赛中、赛后出现的问题。

三、竞赛结束工作

（1）举行闭幕式并发奖。

（2）处理各队离会的有关事宜。

（3）妥善处理比赛物资。

（4）竞赛组织机构中各部门总结竞赛期间的工作，并形成书面总结上交组织委员会。

（5）组织委员会向上级做此次竞赛工作总结汇报。

（6）竞赛组织结构解散。

第二节　小场地足球竞赛规程的制定

竞赛规程是竞赛的组织者及参加者的指导性文件，也是竞赛工作的依据，竞赛前由主办单位制定，并提前发给有关单位，以便做好准备工作。

竞赛规程一般包括以下内容：

（1）竞赛的名称（包括主办单位、承办单位、协办单位等）

（2）竞赛的项目、目的和任务

（3）比赛日期和地点

（4）参加单位、各单位人数及资格（竞赛级别、年龄规定及资格）

（5）参加办法

（6）报名和报到日期

（7）竞赛办法（分组赛积分、淘汰赛、循环赛等赛制）及相关规定

（8）竞赛规则

其中包括球场的大小，比赛用球的大小、质量及材料，两门柱间的距离及地面到球门横梁的高度，比赛时间，替补球员等。

（9）录取名次和奖励办法

（10）纪律规定和申诉

（11）参会者报到（含队员、裁判员、官员等）

（12）比赛监督、裁判员的组成（大会主办单位与相关专业部门协商）

（13）经费的来源（赞助商提供）

（14）未尽事宜另行通知

（15）规程解释权归主办单位所有

校园足球竞赛规程一般包括以下内容：

（1）主办单位

（2）协办单位

（3）举办时间

（4）举办地点

（5）参赛单位

（6）竞赛项目（如七人制足球赛、五人制足球赛）

（7）参加办法

①如各参赛学校可报男、女运动员各12人，教练员2人，领队1人

②报名表上必须填写运动员号码，每队号码不得出现0号

（8）运动员资格

①运动员必须是同一所学校正式在籍的适龄学生

②运动员必须是学习努力、遵守纪律，且经医务部门检查确认为身体健康者

③参赛运动员必须办理人身意外伤害保险

（9）竞赛办法

①比赛采用中国足球协会审定的最新《足球竞赛规则》及相关补充

规定

②比赛使用三号球，上场球员穿布面胶底足球鞋

③每场比赛计时40分钟，上、下半场各20分钟，中场休息5分钟。比赛中不设暂停，可替换球员（需经场上裁判许可）。每队每场比赛换人名额不限，被换下的球员不能再被换上

④如果参赛队在7队（含7队）以下，比赛以循环赛的方式进行。如果参赛队在8队以上，比赛分两个阶段进行：第一阶段采用分组循环赛，第二阶段采用交叉赛（具体赛制根据报名队数量在报名会确定）

⑤各参赛队球员必须备有深、浅颜色的比赛服装各1套，上衣背后和短裤前方左侧必须有明显的号码，上场球员要穿布面胶底足球鞋；比赛服装和鞋不符合规定者不能参加比赛

⑥比赛中，场上队长必须佩戴袖标

⑦红、黄牌在全部比赛中累计

⑧排列名次方法

循环赛按积分排列名次。胜一场得3分，平一场得1分，负一场得0分，积分多者名次列前。

如遇两队或两队以上积分相等，按下列办法顺序决定名次：

A.按积分相等的队之间的比赛积分决定名次，积分多者名次列前

B.按积分相等的队之间比赛的净胜球数决定名次，净胜球数多者名次列前

C.按积分相等的队之间比赛的进球数决定名次，进球数多者名次列前

D.按积分相等的队全部比赛的净胜球数决定名次，净胜球数多者名次列前

E.按积分相等的队全部比赛的进球数决定名次，进球数多者名次列前

F.抽签决定循环赛名次

G.淘汰赛阶段：40分钟内进球多的队取胜；如果参赛双方在40分钟内无法决出胜负，则直接通过点球决出胜负

（10）录取名次与奖励

①各组分别录取前八名（一、二、三等奖），颁发奖杯

②设体育道德风尚奖

（11）报名与报到

①报名

各参赛队打印统一格式的报名表并加盖学校公章在截至时间前报送，报名时需交12寸全队合影一张。

②报到

各参赛队可根据竞赛秩序册安排的比赛场次、时间提前1小时到达场地。

③抽签

各参赛队教练员抽签，并于规定时间和地点参加预备会。

（12）经费

比赛的各项费用由学校负担。

（13）写清比赛规程解释权归属

第三节　小场地足球竞赛方法，以及编排与成绩计算

一、竞赛的意义

（1）提高竞技运动水平

（2）检查训练效果、改进教学训练手段

（3）宣传足球运动、推动群众运动的开展、提高全民素质

（4）满足人民文化生活的需求

（5）发展足球经济、推动足球产业的发展

（6）加强交流、增进友谊和团结

二、竞赛的类型

联赛、杯赛、选拔赛、对抗赛、邀请赛、友谊赛、表演赛、义赛

三、足球竞赛方法常用的竞赛制度

小场地足球常用的竞赛方法与其他足球运动大致相同，主要有循环制、淘汰制和混合制三种。具体采用哪种比赛方法，需根据比赛任务、项目特点、参赛队伍数、时间安排、场地设备等因素来统筹考虑并选择。

（一）循环制

循环赛的优点是参赛者不论水平高低、技术优劣、实力强弱、胜负如何，都有机会与其他参赛者进行比赛，因此，此种比赛形式可大大增加锻炼机会，有利于互相学习、共同提高，还能比较准确地反映出参赛者的技术水平，产生的名次比较客观。

循环制的编排方法很多，比较复杂。以下是8队和7队采用的单循环比赛的轮次表（见表5-1、表5-2）：

表5-1　8队比赛轮次

第一轮	第二轮	第三轮	第四轮	第五论	第六轮	第七轮
1—8	1—7	1—6	1—5	1—4	1—3	1—2
2—7	8—6	7—5	6—4	5—3	4—2	3—8
3—6	2—5	8—4	7—3	6—2	5—8	4—7
4—5	3—4	2—3	8—2	7—8	6—7	5—6

表5-2　7队比赛轮次

第一轮	第二轮	第三轮	第四轮	第五轮	第六轮	第七轮
1—0	1—7	1—6	1—5	1—4	1—3	1—2

续表

第一轮	第二轮	第三轮	第四轮	第五轮	第六轮	第七轮
2—7	0—6	7—5	6—4	5—3	4—2	3—0
3—6	2—5	0—4	7—3	6—2	5—0	4—7
4—5	3—4	2—3	0—2	7—0	6—7	5—6

说明：碰到0号队轮空一次。

1. 单循环

所有参赛队伍在比赛中均相遇一次，最后按参赛者在全部比赛中的胜负场数、得分多少来排名。这种方法一般适用于参赛队伍不多、竞赛时间较长的比赛。

（1）单循环比赛场次的计算方法

计算公式为X=N×（N−1）÷2（其中N为队数）

（2）单循环比赛轮次的计算方法

①参加比赛队数是奇数时，比赛轮次等于队数。

②参加比赛队数是偶数时，比赛轮次为队数减1。

2. 双循环

所有参赛的队伍在比赛中均相遇两次，按最后比赛中的胜负场次、得分多少排名。双循环比赛总场数是单循环总场数的2倍。

3. 分组循环

把参赛的队伍分成若干组，分别进行单循环。这种比赛方法适用于参赛队伍数多而竞赛期又短的情况。分组循环的总场数是各组比赛场数的总和。

分组循环比赛时一般采用“种子队”或“蛇形”排列分组办法，尽量多录取队伍参加下一阶段的比赛，并且在最后轮比赛时间的安排上应当保持一致。“种子队”的数目应该与分组数相等，或者是分组数的倍数，然后再用抽签的方法确定种子队和其他各队各组的位置。“蛇形”排列分组是按上届比赛的名次进行分组（见表5−3），按1—12的名次对3个组12

个队进行分组。

表 5-3

第一组	第二组	第三组
1	2	3
6	5	4
7	8	9
10	11	12

（二）淘汰制

淘汰制指逐步淘汰失败者，使胜利者按预定比赛表进入下一轮比赛，最后决出有限名次的一种比赛形式。淘汰制分为单淘汰制和双淘汰制。比赛过程中失败一次即被淘汰的方法为单淘汰制，失败两次即被淘汰的方法为双淘汰制。

为了使比赛尽可能公正，淘汰制在编排上应注意以下几点：

根据实际水平设立若干“种子队”，“种子队”分开排列，以使强者不过早相遇，尽可能使他们在决赛时相遇。

排定种子队后，为使参赛者机遇、机会均等，其余位置均应抽签排定。

淘汰赛比赛场次的计算应采用下列公式：

比赛场次=参赛队数-1。

如参赛队数（人数）不是2的几次方时，则应在第一轮排出“轮空”，“轮空”位置要分散排列。

8个队参赛的淘汰制比赛轮次见图5-2。

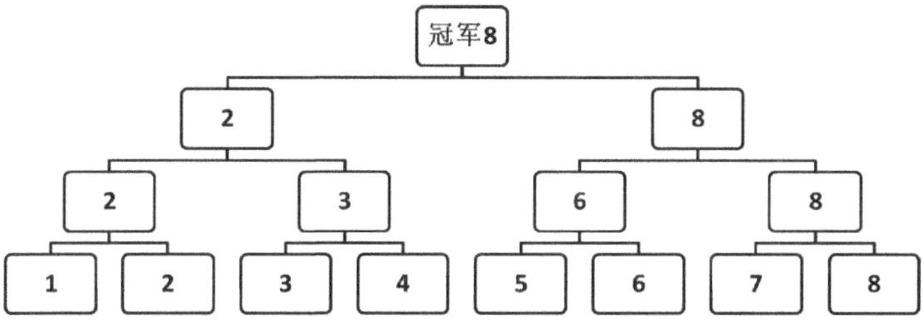

图 5-2

淘汰制编排方法：

1. 单淘汰制计算比赛轮数与场数

（1）计算比赛轮数

如果参加队数（人数）正好是2的乘方数，则比赛的轮数正好是以2为底的幂的指数。如8个队（人）参加比赛，即为3轮，因为$8=2^3$。

如果参加队数（人数）不是2的乘方数，则比赛的轮数是较大的一个以2为底的幂的指数。如12个队（人）参加比赛，因为$2^3=8$，$2^4=16$，所以按16个队（人）的轮数来计算，较大的一个以2为底的幂的指数是4，即为4轮。

（2）计算比赛场数

比赛总场数等于参加队数减1。如8个队参加比赛，总场数为7场，即为8−1 = 7（场）。

（3）编排比赛秩序表

如果参加比赛的队数是2的乘方数，第一轮所有的队都参加比赛，没有轮空队，将参加比赛的队每两个队编为一组，按秩序表逐步进行淘汰即可。

如果参加比赛的队数不是2的乘方数，第一轮比赛将产生轮空队，要确定轮空的数量，即轮空数。这时可根据参赛队数，选择最接近参赛队数，且比参赛队数大的 2 的乘方数作为号码位置数，用号码位置数减去参加比赛的队数，即为轮空数。例如，13个队参加比赛，应选用16作为号码位置数，16−13=3，即有3个轮空队数。查轮空位置表，按顺序选出小于比赛位置号码数16的3个号码。查表可知，应选2、10、15作为轮空的

号码位置，凡与2、10、15比赛的队即为轮空队。（见表5-4）

为了避免水平高的队过早相遇，可设“种子队”。把“种子队”安排在不同的区位上，使之最后相遇。“种子队”的多少由参赛队的多少决定，一般以4个队确定1个“种子队”为宜。如16个队参加比赛，设4个“种子队”，最好把最强的1号、2号“种子队”放在两头的1号、16号位置上，把3号、4号“种子队”放在中间的8号、9号位置上。

表5-4　轮空位置

2	63	34	31	18	47	50	15
10	55	42	23	26	39	58	7
6	59	38	27	22	43	54	11
14	51	46	19	30	35	62	3

再采用抽签的方法确定“非种子队”在秩序表上的位置，然后填上队名、日期、场地、时间即成为比赛日程表。一般情况下，同单位的球队或球员应分散于各区。

单淘汰比赛“种子队”的安排见图5-3。

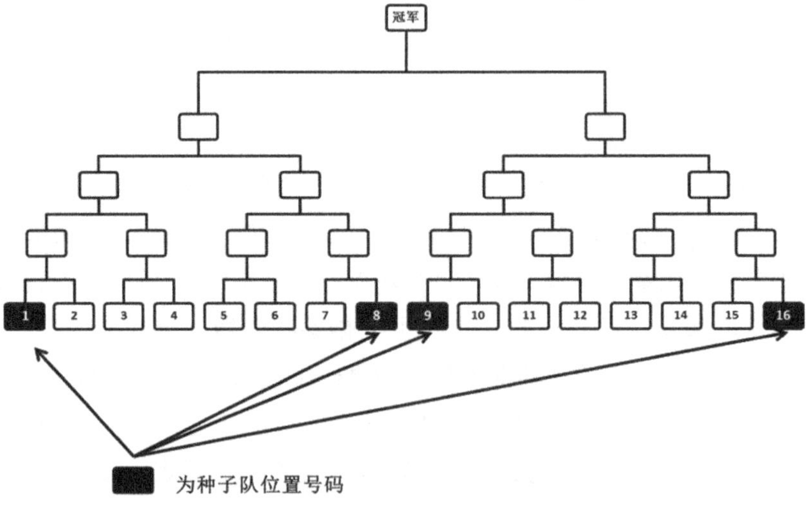

图5-3

单淘汰制比赛的编排示例见图5–4。

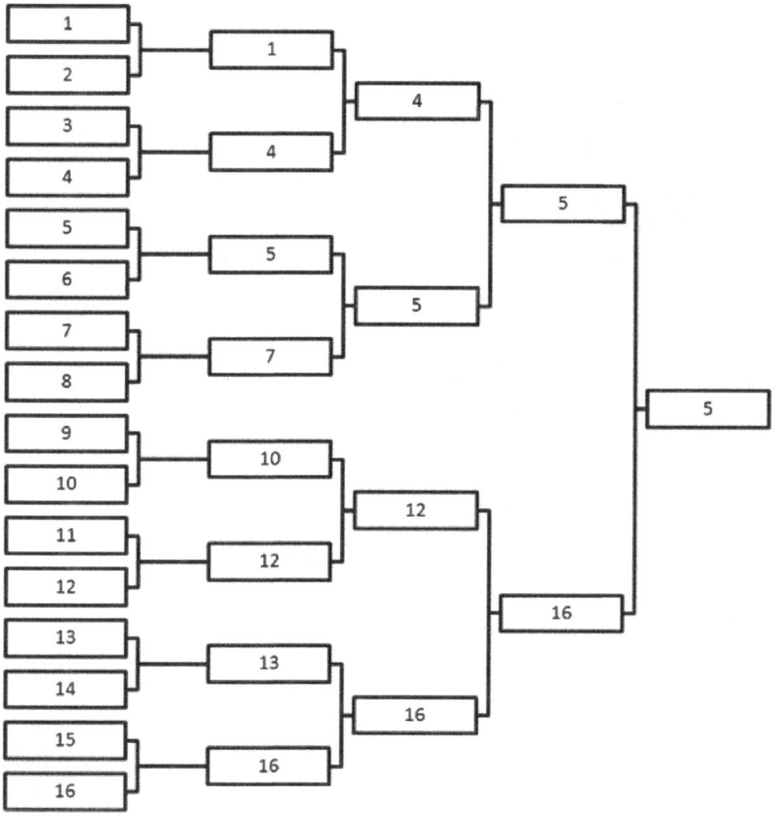

图5–4

2. **双淘汰制比赛的编排方法**

双淘汰制的编排方法基本上与单淘汰制相同，只是进入第二轮后，要把失败的队编排起来再进行比赛。失败两次才被淘汰，胜利者进入下一轮比赛；失败一次的队最后还有可能获得冠军。

8个队参加双循环比赛的编排见图5–5。

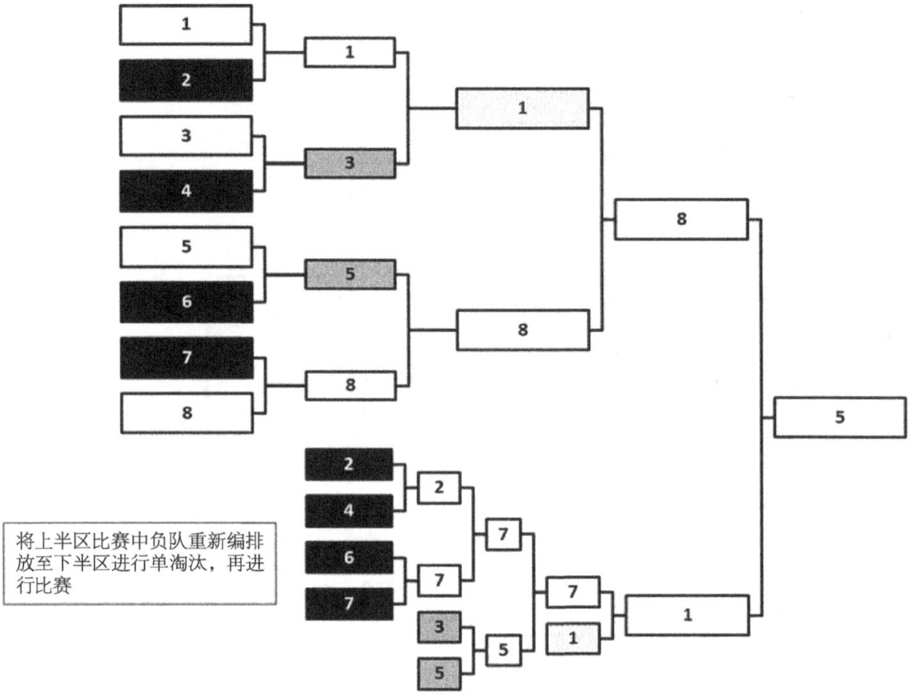

图 5-5

（三）混合制

混合制指一次竞赛分为两个阶段进行：前一阶段采用循环制，后一阶段采用淘汰制；或者前一阶段采用淘汰制，后一阶段采用循环制。先循环后淘汰的混合制经常被采用。

在实行混合制时一般有以下几种方法：

1. 交叉赛

第一阶段分A、B两组进行单循环赛，排出各组的名次。第二阶段进行淘汰赛时，可编排两组的第一名和第二名进行交叉赛。（见图5-6）

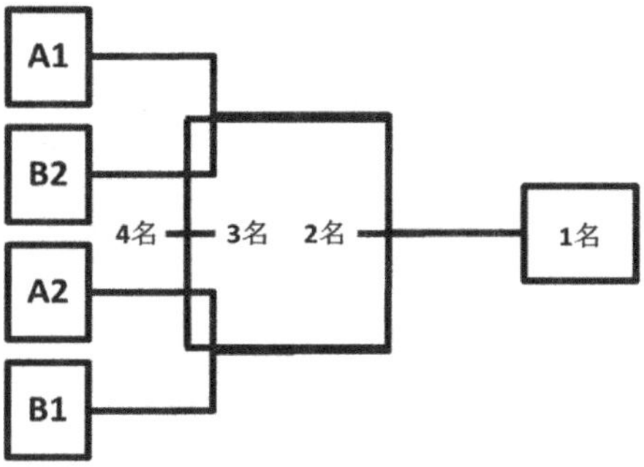

图 5-6

2. **同名次赛**

第一阶段可分A、B两组进行单循环赛，排出各组名次。第二阶段进行淘汰赛时，两组的第一名比赛，胜者为第一名，负者为第二名，两组的第二名决出第三名和第四名，以此类推。（见图5-7）

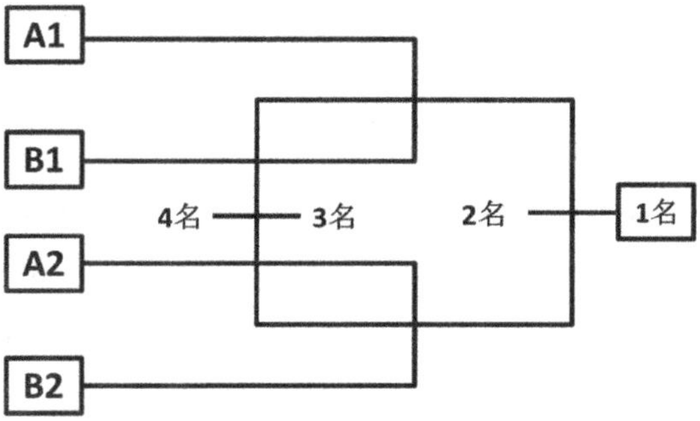

图 5-7

第四节　小场地足球竞赛中的教育渗透

足球是目前世界范围内受众最多，也最受欢迎的运动项目之一。它除了作为运动本身对人体产生积极的作用外，如此大范围的影响力也使得它具有一定的社会功能，其中通过竞赛体现的教育功能也越来越被认可。尤其是我国当前校园足球的开展，使更多的青少年参与到这项运动中来。小场地足球竞赛作为校园足球重要的开展形式，其教育功能得以更广泛地发挥。

一、公平和规则意识培养

规则意识指发自内心的、以规则为自己的行动准绳的意识。规则是现代文明社会的一项重要内容，规则意识因此而成为社会文明的标志，公民的规则意识越强，其素质就越高，社会的文明程度也就越高，社会运行越有序。

足球比赛复杂的比赛环境和多变的情境片段要求参与其中的每一个人、每一种角色都严格遵守特定规则，教练、裁判、场上球员、场下球员、观众均如此。足球竞赛中，关于违反规则的处罚和后果具有即时性，如恶意犯规，会被直接罚出场地，对本方造成不良影响。因此足球比赛可作为培养规则意识的手段。

小场地足球具有规则灵活、有弹性的特点，在开展的过程中，可让参与者自行制定规则。参与制定规则不但有利于青少年认识并理解规则，有助于提升青少年的独立自主能力和公平意识，更能增强他们遵守规则的自觉性和维护规则的意识。也可以通过在竞赛中设置对遵守规则一方鼓励性的奖项，如“公平竞赛奖”“精神文明奖”等，来促进规则意识的培养。

二、竞争和抗挫折能力培养

在竞争日益激烈的现代社会，一个人的竞争意识和抗挫折能力已经成为他未来发展和保持心理健康的重要条件。足球比赛被称为“没有硝烟的战争”，高速对抗性是足球运动的显著特点之一，球场上的每一名参与者都需要进行全力的拼抢和对抗，才能在比赛中拥有取胜的希望。此外，足球比赛具有极大的不确定性，这就意味着参与者需要拼搏到最后一刻，才能获知结果。也许整场比赛都无法实现进球，但场地的每一个局部都存在着竞争环境，这对培养参与者的竞争意识起着至关重要的作用。

足球比赛能够在较短的时间内使参与者体验到成就感、愉悦、失落、不甘、懊悔等强烈的情感及情绪，能够将青少年在成长过程中可能需要花费很长时间才能获得的体验高度浓缩在一场或几场比赛中，以最直观的方式将晦涩难懂的心理学描述传递给青少年。这为培养参与者的抗挫折能力、情绪控制能力，以及客观看待成功、失败的能力提供了良好的实践课堂，在高度浓缩和反复体验中逐步增强他们的承受力，锻炼他们坚韧的品质，让青少年懂得在规则下拼尽全力去获胜的同时，学会体面、有尊严地面对失败。

三、沟通和协作能力培养

足球运动是一项集体项目，需要多人、多角色配合完成，是体现团队协作能力的标志性运动。足球比赛要求参与者思想统一，行动一致，攻则全动，守则全防，在培养参与者集体意识和团结协作能力方面具有较大的项目优势。在多变的比赛环境中，每一个参与者面对的情况都不一样，想做到思想统一，唯一的方式就是不断进行有效的沟通。这就使得足球比赛为参与者提供强制沟通的社交环境，不断督促参与者进行沟通。小场地足球是足球运动的局部化变形，它像抽离出来的一个沟通练习片段，更适于青少年习得沟通技巧，在不断的沟通练习中学会并提高与他人协作的能力。

四、责任心和执行能力培养

一场足球比赛中，一次不着边际的传球、一次不负责任的犯规、一脚浪费机会的射门都可能失去球权，导致全队的努力白费，甚至输掉比赛。在足球比赛集体运转的前提下，每一个人在场上的每一个动作和决定都会对整个队伍和整场比赛产生决定性影响。且小场地足球比赛快速的攻防转换节奏和较小的场地空间使这种因果关系的反射周期较短，可能前一秒刚刚失误，就会造成下一秒失球。这就要求场上的每一名参与者对自己的决定和行为负责。

由于小场地足球比赛留给参与者的反应时间和思考时间都大幅缩短，参与者必须快速思考，做出决策并马上执行，如果产生错误，则需要进行二次决策补救。在小场地足球比赛中，参与者的所有思考和决策可以说都是在执行当中完成的，这就使得小场地比赛为参与者的责任心和执行能力培养提供了适宜的环境和平台。

以上是小场地足球比赛在青少年教育功能上的体现。但在具体实施过程中还需要教练员通过训练、赛前要求、赛中提示、赛后总结等手段有意识地引导并强调，这样，小场地足球的教育功能才能得以最大化发挥，并取得成效。

第六章

小场地足球运动竞赛规则示例

小场地足球的竞赛规则不同于室内五人制竞赛规则，体现为室内五人制与十一人制的结合，即人数、场地等条件与五人制对应，又减少了相对复杂的要求，更适用于青少年的比赛，处在低年龄段的青少年更易于掌握。七人制、八人制规则与十一人制基本一致，只是在人数、场地尺寸、球门等方面有不同要求。

第一节　三人制足球比赛规则示例

（1）比赛时间为全场20分钟，每半场10分钟，中场休息5分钟。小组积分按国际足联章程执行。

（2）比赛采用“机动换人”，换人时必须遵守“先出后入”规则，在换人区域内进行。

（3）球场规格：

（14 — 20m）×（10 — 14m）

（4）球门规格：

（宽）1.2m×（高）0.8m

（5）中圈规格：

以中线中点为圆心，以2米为半径画出的圆圈为中圈。

（6）球门区规格：

以球门线中点为圆心，以2米为半径画弧，它与端线交接点构成的半圆为球门区。

（7）替换区：

以球场中线与边线的交点为起点，各向左、右半场延伸3米的地方画两条与边线垂直的、长度为80厘米的线（其中场内40厘米，场外40厘米）。在球员的替换过程中，进入或离开场地时必须在此区内进行。（见图6–1）

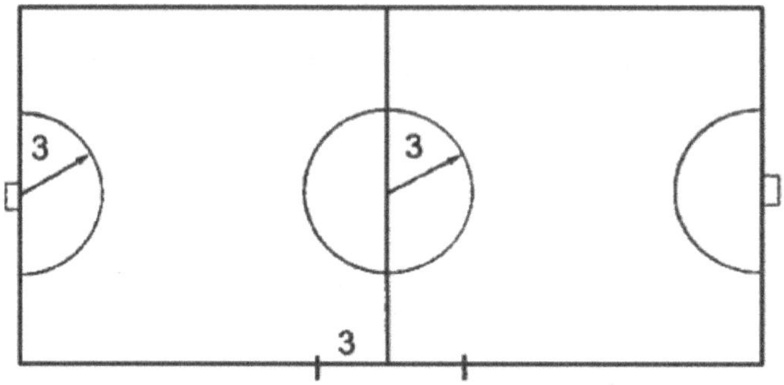

图 6–1

（8）罚点球点：

在两条球门线中点垂直向场内6米处各做一个清晰的标记，作为罚球点。

（9）比赛不设守门员，双方任何球员不准在球门区内触球。如果守方违例，由攻方罚球点球；如果攻方违例，由守方在球门区内罚间接任意球。除非在球门区内发球门球或在球门区内罚间接任意球，双方其他任何球员不得在球门区内触球。球触球门线即为进入球门区。

（10）罚球点球时，除主罚球员外，其他攻守双方球员须站在球的假想平行线后，并离球4米。必须直接将球射向球门，不得传递射门。主罚球员只能用脚跟射门。球被射出后，如未越过端线，应重踢。如球打门框弹回，裁判员应暂停比赛，由守方在球门区内发间接任意球。

（11）踢球门球时，球员须把球放在本方球门区域内，并将球踢出该区，不能直接得分。

（12）对于界外球，球须在出界处边线上被稳稳地踢出。如果直接将球踢进对方球门，不能算得分，由对方发球门球恢复比赛；如直接将球踢进本方球门，也不算失分，由对方发角球恢复比赛。

（13）中点开球可直接射门，得分有效。

（14）罚任意球、球门球、界外球和角球（如果场地设有挡板，则比赛不设界外球、球门球和角球判罚）时，踢球前对方球员应离球至少3米。如果开球时间超过4秒，将判由对方开球（如果发球门球时违例，则由对方在中线上任意一点开球）。

（15）因打人、故意犯规而被罚红牌的球员，不得参加本场余下时间的比赛。犯规一般分两种：小罚和判球权。小罚为该球员离场1分钟，1分钟后经裁判员允许自动进场，被罚期间，球员在换人区。判球权为一般意义上的判惩。被红牌罚下的球员经值班裁判员允许，可由另一名球员补足；如被罚方在1分钟内有失球，则无须等到1分钟即可补足。

（16）比赛采用三人制；用国际标准 3号（或4号、5号）球；参赛球员必须穿帆布面胶底球鞋，为保护自己和别人，原则上也可穿胶底或类似材质的球鞋。

（17）一方累计犯规8次，则被罚一次点球（基层比赛中也可不设累计犯规点球）。

（18）球越过中线（包括球压中线）进入对方半场后的射门得分才有效。

（19）比赛开始时，每队上场球员不得少于2名；如果在比赛中任何一队因球员被罚出场，使场上球员少于2名时，该场比赛为弃权，判对方2 ∶ 0胜。

（20）如果守方球员在本方罚球点球的假想平行线与球门线之间的区域内犯规，一律将球放在垂直于罚球点球的假想平行线上罚相关的任意球。

（21）当需要点球决胜时，每队场上3名球员依次罚球。如分出胜负，即结束比赛；如打平，将由各自的2名替补球员一对一罚球；如仍然打平，即采取抽签的办法决定胜负（如果该场有被红牌罚下的球员，他不能参加点球决胜，其空缺按原先的顺序轮）。

（22）被红牌罚下的球员（被即时取消该场余下比赛资格除外）下一轮停赛与否视犯规情节轻重而定，由工作组发出停赛通知，如无特殊情况，无须停赛。

（23）每场比赛开始后超过5分钟仍未到场报到的球队按弃权处理，判对方2 ： 0胜。

（24）主裁判员和副裁判员对角站位，二人拥有同样的职权，需要一定的协作和配合，但当二人判罚不一致时，须以主裁判员的判罚为准。主裁判和副裁判以对角线为界，各自负责自己半边场上的判罚。主裁判在远离记录台一侧，副裁判在靠近记录台一侧。计时员的职责包括以下几种：1.确保比赛按规定的时间进行，即在比赛进行中须开表计时，在比赛成死球时须停表；2.当有球员被罚出场，执行计时1分钟的罚则；3.当全场或半场及加时比赛完结，应以哨声示意结束比赛；4.当教练员请求暂停时，应向裁判员示意（有的基层比赛只设一名裁判员，比赛时间的计算方法以总时间20分钟为准，死球不停表）。

第二节　四人制足球比赛规则示例

（1）比赛时间为全场30分钟，中场休息5分钟。小组积分按国际足联章程执行。

（2）比赛采用“机动换人”（无须等死球）。换人时必须先出后入，并在换人区域内进行，但须经工作组人员或记分员同意。

（3）球场规格：

（30—32m）×（18—20m）

（4）球门规格：

（宽）1.2m×（高）0.8m

（5）中圈规格：

以中线中点为圆心，以3米为半径画出的圆圈为中圈。

（6）球门区规格：

以球门线中点为圆心，以3米为半径画弧，它与端线交接点构成的半圆为球门区。

（7）替换区：

以球场中线与边线的交点为起点，各向左、右半场延伸3米的地方画两条与边线垂直的、长度为80厘米的线（其中场内40厘米，场外40厘米）。在球员的替换过程中，进入或离开场地时必须在此区内进行。

（8）罚点球点：

在两条球门线中点垂直向场内6米处各做一个清晰的标记，作为罚球点。

（9）比赛不设守门员，双方任何球员不准在球门区内触球。如果守方违例，由攻方罚球点球；如果攻方违例，由守方在球门区内罚间接任意球。除非在球门区内发球门球或在球门区内罚间接任意球，双方其他任何球员不得在球门区内触球。球触球门线即为进入球门区。

（10）罚球点球时，除主罚球员外，其他攻守双方球员须站在球的假想平行线后，并离球3米。必须直接将球射向球门，不得传递射门。主罚球员只能用脚跟射门。球被射出后，如未越过端线，应重踢。如球打门框弹回，裁判员应暂停比赛，由守方在球门区内发间接任意球。

（11）踢球门球时，球员须把球放在本方球门区域内，并将球踢出该区，不能直接得分。

（12）对于界外球，球须在出界处边线上被稳稳地踢出。如果直接将球踢进对方球门，不能算得分，由对方发球门球恢复比赛；如直接将球踢进本方球门，也不算失分，由对方发角球恢复比赛。

（13）中点开球可直接射门，得分有效。

（14）罚任意球、球门球、界外球和角球（如果场地设有挡板，则比赛不设界外球、球门球和角球判罚）时，踢球前对方球员应离球至少3米。如果开球时间超过4秒，将判由对方开球（如果发球门球时违例，则由对方在中线上任意一点开球）。

（15）因打人、故意犯规而被罚红牌的球员，不得参加本场余下时间的比赛。犯规一般分两种：小罚和判球权。小罚为该球员离场1分钟，1分钟后经裁判员允许自动进场，被罚期间，球员在换人区。判球权为一般意义上的判惩。被红牌罚下的球员经值班裁判员允许，可由另一名球员补足；如被罚方在1分钟内有失球，则无须等到1分钟即可补足。

（16）比赛采用四人制；用国际标准 4号（或5号）球；参赛球员必须穿帆布面胶底球鞋，为保护自己和别人，原则上也可穿胶底或类似材质的球鞋。

（17）一方累计犯规8次，则被罚一次点球（基层比赛中也可不设累计犯规点球）。

（18）球越过中线（包括球压中线）进入对方半场后的射门得分才有效。

（19）比赛开始时，每队上场球员不得少于3名；如果在比赛中任何一队因球员被罚出场，使场上球员少于3名时，该场比赛为弃权，判对方2 ： 0胜。

（20）如果守方球员在本方罚球点球的假想平行线与球门线之间的区域内犯规，一律将球放在垂直于罚球点球点的假想平行线上罚相关的任意球。

（21）当需要点球决胜时，每队场上4名球员依次罚球。如分出胜负，即结束比赛；如打平，按照原先的顺序轮罚，采用“突然死亡法”（如果该场有被红牌罚下的球员，他不能参加点球决胜，其空缺按原先的顺序轮）。

（22）被红牌罚下的球员（被即时取消该场余下比赛资格除外）下一轮停赛与否视犯规情节轻重而定，由工作组发出停赛通知，如无特殊情况，无须停赛。

（23）每场比赛开始后超过5分钟仍未到场报到的球队按弃权处理，判对方2 ∶ 0胜。如果涉及加班等，可以提前1天通知组委会调整。

（24）主裁判员和副裁判员对角站位，二人拥有同样的职权，需要一定的协作和配合，但当二人判罚不一致时，须以主裁判员的判罚为准。主裁判和副裁判以对角线为界，各自负责自己半边场上的判罚。主裁判在远离记录台一侧，副裁判在靠近记录台一侧。计时员的职责包括以下几种：1.确保比赛按规定的时间进行，即在比赛进行中须开表计时，在比赛成死球时须停表；2.当有球员被罚出场，执行计时1分钟的罚则；3.当全场或半场及加时比赛完结，应以哨声示意结束比赛；4.当教练员请求暂停时，应向裁判员示意（有的基层比赛只设一名裁判员，比赛时间的计算方法以总时间30分钟为准，死球不停表）。

第三节　七人制足球比赛规则示例

一、比赛场地

长度：最长75米，最短45米。宽度：最长56米，最短28米。

在比赛场地内，禁区是以9米为半径在场地内画一条弧线，与门柱两边的球门线围合的区域。点球点与球门线中点的垂直距离为8米。中圈是以球场中心为圆心，半径为9米的圆。

二、球员人数

一场比赛应由两个队参加，每队上场球员不得多于7人，其中必须有1人为守门员。如果比赛前任何一队球员少于5人，或在比赛中有球员被罚出场致使场内球员少于5人时，该场比赛球员少的队为弃权，对方2 ∶ 0胜；如果对方净胜球数超过2个，则按实际比分计。每场比赛准许换3个人。

三、球员装备

球员不准穿钢钉球鞋上场；服装要统一，号码必须固定，队长戴袖标。

四、比赛时间

（1）如果某队迟到5分钟以上，按自动弃权处理，本场裁判有权判该队本场比赛0 ∶ 2失败。

（2）比赛分为两个30分钟的半场。在每个半场，出于各种原因损失的所有比赛时间应被扣除。在每个半场比赛结束时，如正在执行罚点球，应允许延长时间，直至罚完点球为止。

（3）上、下半场之间的休息时间不得超过10分钟。

（4）在半决赛及决赛中，若在比赛时间内不能决出胜负，立即进行点球决战。

五、犯规与不正当行为

如果球员草率地、鲁莽地或使用过分的力量在双方进行争抢或对方球员控制球时实施铲抢，则被视为严重犯规，此时直接任意球判给对方，可根据犯规的严重程度给予黄牌警告或罚出场。这条规则是与十一人制最大的区别，说明在七人制足球中，不论从何方进行的铲球，只要动作过大、力量过分，都应被判罚，原则上不允许铲抢。

六、任意球、点球、角球、球门球、界外球、越位

（一）任意球

任意球分直接任意球和间接任意球两种。直接任意球直接进门得分；间接任意球直接进门不算得分，除非球碰对方或本方球员进门。

罚球程序：

（1）将球在犯规地点放稳。

（2）对方球员至少距球8米。

（3）球被触动即为比赛开始。

罚则：

（1）球在被踢出前，对方进入距球9米的区域内，裁判员应将罚球延至确保人员位置符合规则规定后再开出，对进入9米区域内的对方球员给予警告。

（2）球被踢出后没有碰到本方或对方球员，踢任意球者再次触球应重踢，判对方在原地点踢间接任意球。

（3）对罚球球员有意拖延比赛时间的行为，可出黄牌，并判对方在原地点踢间接任意球。

（4）在本方禁区内踢任意球，球出罚球区，才算比赛开始。在对方罚球区内踢任意球，应将球放在距犯规地点最近的罚球线上。

（二）点球

七人制足球的罚球点球规则同十一人制。

（三）角球

七人制足球的罚角球规则同十一人制。

（四）球门球

七人制足球的罚球门球规则同十一人制。

（五）界外球

当球整体从地面或空中越过边线，应由球出界前最后触球的对方球员在球出界处踢界外球恢复比赛。七人制足球的掷界外球规则同十一人制。掷界外球直接进门不算得分。

（六）越位

七人制足球的越位规则同十一人制。

七、纪律及处罚条例

（1）对在比赛中打架或恐吓裁判、对方球员的球员或领队，按情节严重程度给予处罚，取消严重者本次赛会的比赛资格；对个别打架的球员，立即出示红牌；如果双方球员打群架，比赛立即结束，本场比赛无成绩，各记0分。

（2）在比赛中，如对裁判执裁不满，可于赛后及时照会仲裁委员会，切不可做出不理智之行动。

（3）领红牌或同场两张黄牌者，须自动停赛一场。

（4）球队要在比赛前10分钟到场，球队负责人要在比赛前5分钟将参赛证交由当值裁判核对。

（5）赛会有权保留修订赛例之权利，不另行通知。

（6）参赛球队，以及领队、负责人必须在赛前对以上规定承诺一切责任。

八、互踢球点球决胜的规定（淘汰制点球决胜办法）

（1）由比赛结束时场上的双方各5名球员依次踢完。如在踢满5次前一方明显超过另一方，比赛结束，进球多的队获胜。

（2）如果踢完第一轮尚未决出胜负，继续由场上球员轮流踢；在踢球次数相同的情况下，谁进球多谁获胜（不用踢满5次）。

附录　五人制足球比赛规则（简版）

第一章　比赛场地

场地表面

- 根据竞赛规程，比赛场地表面应该平坦而光滑，场地表面最好为木材或人造材料，避免使用混凝土或柏油表面。
- 只允许在特殊情况下使用人造草皮场地，且仅限于国内比赛。

场地标记

- 比赛场地必须为长方形并用线标明。这些线属于其标示区域的一部分，并且颜色必须明显区别于场地。
- 两条较长的边界线叫“边线”，两条较短的线叫“球门线”。
- 比赛场地被中线划分为两个半场，中线与两条边线的中点相交。
- 在中线的中点做一个中心标记；以它为圆心，以3米为半径画一个圆圈。
- 在比赛场地外，距离角球弧5米且垂直于球门线处做一个标记，以保证在踢角球时守方球员遵守规定的距离。此标记的宽度为8厘米。
- 必须在两个第二罚球点左、右5米处的场地上做出另外两个标记，以明确在第二罚球点罚球时球员退后的最小距离。此标记的宽度为8厘米。

场地度量

- 边线的长度必须大于球门线的长度。
- 所有画的线的宽度必须为8厘米。

非国际比赛的度量

- 长度（边线）：最短25米，最长42米
- 宽度（球门线）：最短16米，最长25米

国际比赛的度量

- 长度（边线）：最短38米，最长42米
- 宽度（球门线）：最短20米，最长25米

罚球区

- 从两球门柱外沿垂直于球门线向场地内画两条长度为6米的假想线。在线的末端以6米为半径从球门柱的外沿朝最近的边线方向画1/4圆。两个1/4圆的上部与一段长3.16米的直线连接，此直线与球门线平行。这些线与球门线围合的区域即为罚球区。
- 在两个罚球区内，从两球门柱之间的中点垂直于球门线向场内6米处标记一个罚球点，该罚球点与两球门柱等距。

第二罚球点

- 从两球门柱之间的中点垂直于球门线向场地内量10米，做一个标记，为第二罚球点。

角球弧

- 在比赛场地内，以距每个角25厘米为半径画1/4圆。

球门

- 球门应被放置在球门线的中央。
- 球门由两根与场地边角等距的直立球门柱和一根连接球门柱顶部的水平横梁组成。球门柱和横梁应由适宜的材料制成，其形状应为方形（具有圆形棱边）或圆形，且对球员不具有危险性。
- 两球门柱内侧距离为3米，横梁下沿至地面的距离为2米。
- 球门柱和横梁应具有相同的宽度，与球门线等宽，为8厘米。球门网应由适宜的材料制成，系在球门柱和横梁的后方，并且必须被适当撑开，不干扰守门员。
- 如果横梁移位或折损，则停止比赛，直至横梁被修复或归位。如果无

法被修复，则应中止比赛。不得用绳子代替横梁。如果横梁可以被修复，则在比赛停止时球所在的地点以坠球的方式恢复比赛，除非该地点在罚球区内。

- 球门柱和横梁的颜色应与场地不同。

替换区

- 替换区设在双方比赛队替补席前面的边线外。
- 两替换区分别位于技术区域前，长度为5米。有两条长80厘米、宽8厘米的直线标记，其中40厘米在场内，40厘米在场外。
- 替换区位于计时台前距中线两侧各5米处，且保持畅通。
- 球队的替换区位于该队防守半场一侧，在比赛下半场或加时赛下半场须交换。

第二章　球

形状、材质、质量和测量

- 球形。
- 由适宜的材料制成。
- 周长为62 — 64厘米。
- 比赛开始时重量为400 — 440克。
- 气压为0.6 — 0.9个海平面标准大气压（600 — 900克/平方厘米）。
- 从2米的高度落下时，第一次反弹高度应不低于50厘米且不高于 65厘米。

破损球的更换

- 如果比赛进行中球出现破损，则停止比赛，在球破损的位置用新球坠球恢复比赛，除非比赛停止时球在罚球区内。唯一的例外是当球击中球门柱或横梁后破损并直接进门。

- 如果球在开球、掷球门球、角球、任意球、罚球点球或踢界外球时破损，则重新执行恢复比赛的方式。
- 如果在罚球点球或球点球决胜期间球被踢，向前移动后触及球员、横梁或出现球门柱破损，则重罚球点球。
- 在比赛中，未经裁判员许可，不得更换球。

其他比赛用球

- 可将符合第二章规定的其他比赛用球放置在比赛场地周围，在裁判员的管理下使用。

场上多余的球

- 如果在比赛进行中场上出现了多余的球，只有在多余的球干扰比赛时，裁判员才可停止比赛。在比赛停止时原球所在的地点坠球恢复比赛，除非该地点在罚球区内。
- 如果在比赛进行中场上出现了多余的球，但并未干扰比赛，裁判员应允许比赛继续进行，并尽快将多余的球移出比赛场地。

球破损后的进球

- 如果球在击中球门柱或横梁后破损并直接进门，裁判员应判进球有效。

第三章　球员人数

球员

- 一场比赛由两队参加，每队最多可有5名场上球员，其中1名必须为守门员。如果任何一队场上球员少于3人，则比赛不得开始或继续。
- 如果某队因1名或多名场上球员故意离开比赛场地造成球员少于3人，则裁判员不必停止比赛，可以掌握有利；若比赛停止后该队仍不足3人，则比赛不能继续。

- 如果竞赛规程规定，在比赛开始前必须提交所有场上球员和替补球员名单，而某队在场上球员不足5人的情况下开始比赛，只有在提交名单内的场上球员和替补球员可在到达赛场后参加比赛。

正式比赛

- 在一场比赛中，替换次数和替补球员人数不限。
- 在国际足联、洲际联合会或会员协会组织的正式赛事中，最多可使用9名替补球员。竞赛规程应明确可提名的替补球员人数。

其他比赛

在国家A级比赛中，最多可使用10名替补球员。在其他所有比赛中，只要符合下列条件，即可使用更多的替补球员：

- 比赛双方就替补球员人数达成一致意见。
- 比赛前通知裁判员。
- 如果赛前没有通知裁判员，或双方未达成一致意见，则替补球员不得超过10人。

所有比赛

- 在所有比赛中，无论球员或替补球员是否在场，他们的名单都必须在比赛开始前被交给裁判员。任何未及时提名的替补球员不能参加本场比赛。

替补程序

- 无论比赛进行还是停止，都可以在任何时刻进行替换，暂停时除外。
- 被替换下场的场上球员从本方替换区离场，除非规则另有提及。
- 被替换下场的场上球员离场无须经裁判员同意。
- 替补球员进入场地无须经裁判员同意。
- 只有被替换下场的场上球员离开场地，替补球员才能进入场地。
- 替补球员从本方替换区进入场地。
- 当替补球员将背心递交给被替换的场上球员后经由本方替换区完全进入比赛场地，替换程序完成。如果被替换的场上球员依据规则提到的其他任何原因从另外的区域离场，替补球员应将背心递交给第三裁判员（助理裁判员）。

- 从此刻起，替补球员成为场上球员，被替换的场上球员成为替补球员。
- 在特定的情况下，替换请求可以被拒绝，例如替补球员装备不整。
- 替补球员未完成替换程序前，不得踢界外球、球点球、任意球、角球，掷球门球恢复比赛，或参与坠球。
- 被替换下场的球员可以再次参加比赛。
- 所有替补球员，无论是否上场参与比赛，裁判员均可对他们行使职权。

更换守门员

- 比赛中任何替补球员都可替换守门员，而无须通知裁判员或等待比赛停止。
- 任何场上球员都可与守门员互换位置。
- 场上球员和守门员互换位置必须在比赛停止时进行，并且必须在换位前通知裁判员。
- 场上球员或替补球员替换守门员必须穿守门员的服装，且背后有他本人的号码。

违规与判罚

- 如果替补球员在被替换球员还未完全离场之前就进入比赛场地，或在替换过程中替补球员从本队替换区外进入场地，裁判员应停止比赛（当掌握有利时不必立即停止比赛），黄牌警告违反替补程序的球员，并要求他离场。
- 如果裁判员已经停止比赛，应由对方从比赛停止时球所在地点踢间接任意球重新开始比赛。如果该替补球员或者其球队同时违反其他规则，则根据“室内五人制足球竞赛规则诠释及裁判员指南”的规定重新开始比赛。
- 如果在替换球员时，被替换球员出于非室内五人制足球竞赛规则允许的原因离开场地，或没有经过本方球队替换区域，裁判员应停止比赛

（当掌握有利时不必立即停止比赛），黄牌警告违反替补程序的球员。

- 对于其他任何违反本章规则的行为，相关球员将被警告；应由对方从比赛停止时球所在地点踢间接任意球重新开始比赛。在特殊情况下，比赛应根据“室内五人制足球竞赛规则诠释和裁判员指南”的规定重新开始比赛。
- 球员和替补球员在开球前被罚出场，只可从提名的替补球员中选一人替换；凡被提名的替补球员被罚出场，无论是在开球前还是在比赛开始后，均不得替换。
- 只有在计时员或第三裁判员允许的情况下，替补球员在被罚出场的球员被罚出场2分钟后方可进入比赛场地。如果在2分钟内有进球发生，则应适用以下条款：

  如果比赛当时五对四，并且人数较多的一方进球，则4人一方的球队应补齐第5名球员。

  如果比赛当时双方均为3人或4人，并有进球发生，则比赛双方保持原有人数。

  如果比赛当时五对三或者四对三，并且人数较多的一方进球，则3人一方的球队只可增加1人。

  如果人数较少的一方进球，则不改变球员人数继续进行比赛。

第四章　球员装备

安全性

- 球员不得使用、佩戴可能危及自己及其他球员的装备或任何物件（包括各种珠宝饰物）。

基本装备

球员必需的基本装备包括下列相互分离的部分：

- 运动上衣 —— 如果穿紧身内衣，其袖子的颜色应与运动上衣袖子的主色相同。
- 运动短裤 —— 如果穿紧身内裤，必须与短裤的主色相同。守门员可以穿长裤。
- 护袜 —— 如果需要额外使用胶带或类似材料，则其颜色应与球袜被覆盖部分的颜色相同。
- 护腿板 —— 必须被护袜完全包住，由橡胶、塑料或类似被许可的材料制成。
- 足球鞋 —— 帆布、软皮面训练鞋或体操鞋，鞋底为橡胶或类似材质。

服装颜色

- 比赛两队的服装颜色必须有区别，并且有别于裁判员及助理裁判员。
- 每名守门员的服装颜色必须有别于其他球员、裁判员和助理裁判员。

违规与判罚

出现下列违反本章规则的行为，比赛不需要停止：

- 裁判员指出场上球员的装备有问题后，该球员应在下一次死球时离开比赛场地去调整装备，除非该球员已经调整好装备。
- 任何被要求离开比赛场地整理装备的球员，在未获得裁判员或者第三裁判员的允许不得再次进场。
- 在允许球员重新进入场地之前，裁判员本人需直接或者通过第三裁判员检查该球员的装备。
- 如果该球员没有被替换下场，他只能在死球或活球时在第三裁判员的监督下重新进入场地。
- 球员因违反本规则而被要求离开比赛场地，且并未被替换下场，在未获得裁判员或第三裁判员允许时重新进入场地，必须被警告。

重新开始比赛

- 如果裁判员停止比赛执行警告，由对方球队在比赛停止时球所在地点踢间接任意球重新开始比赛。

标语、言论、图像及广告

- 装备上不得有任何涉及政治、宗教或个人的标语、言论和图片，否则将受到赛事组织者或国际足联的处罚。
- 以下内容通常是被允许的：

  球员的号码、名字，球队，赛事名称，比赛日期、地点，以及国际足联、洲际联合会或国家足球协会竞赛规程中允许的任何广告。

  球队徽章/标志应推广五人制足球运动的倡议标语/图案、有关尊重和诚信精神的内容。

  经许可的标语、言论或图像仅可出现在上衣正面和/或臂章位置。

  在某些情况下，标语、言论或图像仅可出现在队长的袖子上。

第五章　裁判员

裁判员的权力

- 每场比赛由两名裁判员控制，即裁判员和第二裁判员。他们在被任命的比赛中具有全部权力去执行与比赛相关的室内五人制足球竞赛规则。

裁判员的权限和职责

两名裁判员：

- 执行室内五人制足球竞赛规则。
- 在有助理裁判员的情况下，尽可能与之合作控制比赛。
- 确保任何比赛用球符合规则第二章的要求。
- 确保球员装备符合规则第四章的要求。
- 对比赛进行记录。

- 根据判断，在任何违反规则的行为发生时停止比赛。
- 在任何外界干扰发生时停止比赛。
- 如果认为球员受伤严重，则停止比赛，并确保他被安全移出场外。受伤球员只能在比赛重新开始后方可重返比赛场地。
- 如果认为球员只是受了轻伤，则允许比赛继续进行，直至成死球。
- 确保球员在受伤流血时离开比赛场地。因流血离场的球员只有在裁判员或第三裁判员确认流血已经停止，并得到裁判员的信号后方可重回场地。
- 当一队被犯规，并且根据“有利”条款能获利，则允许比赛继续进行。如果预期的“有利”在那一刻没有接着发生，则判罚最初的犯规。
- 当球员同时出现一种以上的犯规，则对较严重的犯规进行判罚。
- 当球员同时出现一种以上的不正当行为，则对较严重的行为进行纪律制裁。
- 对被警告或罚出场的球员采取纪律处罚。裁判员不必立即进行处罚，但必须在比赛下一次成死球时进行。
- 对球队官员不负责任的举动进行制止，并酌情将他驱逐出技术区域及场地周边区域。
- 确保没有未经批准的人员进入比赛场地。
- 在比赛停止后示意重新开始比赛。
- 根据“裁判员和助理裁判员信号”的规定给予信号。
- 根据比赛需要和“室内五人制足球竞赛规则诠释及裁判员指南”中“比赛中随球移动选位”的建议在比赛中移动选位。
- 向相关部门提交比赛报告，包括任何针对球员或球队官员的纪律处分信息，以及任何其他在赛前、赛中或赛后发生的意外事件。
- 在助理裁判员不在场时充当第三裁判员和计时员。

第二裁判员：

- 在裁判员受伤或身体不适时对他进行替换。

裁判员的决定

- 根据与比赛相关的事实做出的决定（包括进球是否得分和比赛的结果）是最终的决定。
- 只有在比赛未重新开始或未终止前，裁判员才可以根据自己的判断或第三裁判员的意见改变确实不正确的决定。
- 在裁判员与第二裁判员就某一违规行为同时发出判罚信号，而出现双方判罚不一致的情况时，以裁判员的判罚决定为准。
- 如果第二裁判员或第三裁判员过分干预，或有不恰当的行为表现时，裁判员可解除其职责，并指派他人替代，并将比赛报告提交有关部门。

裁判员的责任

裁判员（同样适用于第三裁判员）对下列情况不承担法律责任：

- 球员、官员和观众任何形式的受伤。
- 任何形式的财产损坏。

由于或者可能由于根据室内五人制足球竞赛规则做出的判决，或者按照正常程序要求维持、进行和控制比赛而对任何人、俱乐部、公司、协会或类似机构造成的任何损失。

这些决定可能包括：

裁判员根据比赛场地及其周边情况或天气的影响决定比赛是否进行。

决定由于各种原因而中止比赛。

决定比赛期间适合比赛的场地、器材和比赛用球。

根据观众的影响或观众席中的任何问题，决定是否停止比赛。

决定是否停止比赛而允许受伤球员移出比赛场地接受治疗。

决定将受伤球员移出比赛场地接受治疗。

决定球员是否可以穿着某种服装或佩戴某种装饰物。

在其职责范围内决定是否允许任何人（包括球队或体育场官员、安保官员、摄影记者或其他新闻媒体代表）出现在比赛场地附近。

根据室内五人制足球竞赛规则或依照国际足联、洲际联合会、国家足协或联盟对该比赛制定的规程或规定做出判决。

国际比赛

- 在国际比赛中，必须委派一名第二裁判员。
- 如在锦标赛和其他比赛中委派了替补助理裁判员，其作用和职责必须与本规则一致。

第六章　助理裁判员

助理裁判员的权力

- 每场比赛都应委派两名助理裁判员（一名第三裁判员和一名计时员），他们必须依照室内五人制足球竞赛规则行使职责。他们的位置在比赛场地外，两替换区同侧靠近中线处。计时员应就座于计时台处，第三裁判员则就座或站立行使职责。
- 应为计时员和第三裁判员配备计时器及可以显示累计犯规次数的设备。这些设备应由比赛场地所属协会或俱乐部提供。
- 应为他们提供计时台，以便他们正确地行使职责。

助理裁判员的权限和职责

第三裁判员：

- 协助两名裁判员和计时员。
- 记录参加比赛球员。
- 在裁判员的要求下监督球的更换。
- 在替补球员进入比赛场地前检查其装备。
- 记录进球球员的号码。
- 在某队官员请求暂停时通知计时员。
- 在计时员发出声音信号通知裁判员和球队准许比赛暂停的情况下，给出暂停信号。

- 记录暂停请求情况。
- 记录各半场比赛中裁判员示意的每队累计犯规次数。
- 在任一球队在半场比赛中已累计犯规5次时给予信号。
- 在计时台上摆设标志，示意某队已经在半场比赛中累计犯规5次。
- 记录任何被警告或罚出场球员的姓名和号码。
- 在各半场比赛开始前向每队官员递交表单，以便各队据此提出暂停请求。如果球队没有提出暂停请求，那么这些表单在各半场比赛结束时将被收回。
- 递交给每队官员一份表单，示意何时一名替补球员可以进入比赛场地替代另一名被罚出场的球员。
- 在裁判员的委派下监督已经离场整理装备的球员重新进入场地。
- 在裁判员的委派下监督因受伤而离场的球员重新进入场地。
- 在裁判员执行警告或罚令出场出现明显错误时，或有暴力行为发生在裁判员视线范围之外时，用信号通知裁判员。但无论怎样，裁判员都有权决定任何与比赛有关的事项。
- 监督任何技术区域内和替补席上人员的行为，并将他们任何不适当的行为通知裁判员。
- 记录比赛由于外界干扰而产生的中断及其原因。
- 提供任何与比赛相关的其他信息。
- 在被要求时，能根据“室内五人制足球竞赛规则诠释和裁判员指南”中的“比赛成死球情况下的选位”在比赛场地上选位。
- 在裁判员、第二裁判员受伤或不能行使职责时取代第二裁判员。

计时员：

- 确保比赛时间与本规则第七章相符。
- 在比赛正确开球后开启计时器。
- 在比赛成死球时停止计时器。
- 当比赛经踢界外球、掷球门球、角球、中圈开球、任意球，从罚球点或第二罚球点踢出或坠球重新开始比赛后，开启计时器。

- 在可能的情况下在计分板上公开记录的进球、累计犯规情况和比赛节次。
- 在得到第三裁判员的通知后，以不同于裁判员的哨声或其他声音信号示意某队暂停。
- 对1分钟暂停进行计时。
- 以不同于裁判员的哨声或其他声音信号示意1分钟暂停结束。
- 在得到第三裁判员的通知后，以不同于裁判员的哨声或其他声音信号示意某队第5次累计犯规。
- 负责球员罚令出场2分钟的计时。
- 以不同于裁判员的哨声或其他声音信号示意上半场、全场及加时赛半场结束。
- 在被要求时，能根据“室内五人制足球竞赛规则诠释和裁判员指南”中的“比赛成死球情况下的选位”在比赛场地上选位。
- 在第三裁判员未能到场的情况下行使第三裁判员的特殊职责。
- 提供任何与比赛相关的其他信息。

国际比赛

- 在国际比赛中，必须委派第三裁判员和计时员。
- 在国际比赛中，计时器须具备必需的功能（精确计时、同时记录4个被罚出场球员2分钟罚停期，以及记录每队各自上、下半场的累计犯规次数）。

第七章　比赛时间

比赛半场

- 比赛分为两个半场，每个半场20分钟。经裁判员和双方同意另定的特殊情况除外。任何改变比赛时间的协议必须在比赛开始之前制定，并且要符合竞赛规程。

半场结束

计时员用声音信号示意每半场结束。在听到计时员的声音信号后，其中的一位裁判员用哨声示意半场或比赛结束，并且要注意下列情况：

- 当需踢或重踢第二罚球点球或第6次累计犯规起的直接任意球时，相关半场应被延长，直至罚球结束。
- 当需踢或重踢球点球时，相关半场应被延长，直至罚球结束。

如果球向其中一个球门运动，裁判员必须在计时员发出声音信号之前等踢球结束。对此，下列情况意为半场结束：

- 球直接向球门内移动并得分。
- 球离开场地边线。
- 球触及守门员或防守球员、球门柱、横梁、地面后越过球门线进球得分。
- 守方守门员或球员触及球，或球从球门柱、横梁反弹并未越过球门线。
- 球被任何攻方球员触及，此球是发出的间接任意球且被另一名球员触及后向球门移动的情况除外。
- 没有出现可判为直接任意球、间接任意球或球点球的犯规，且不需重踢直接任意球、间接任意球或球点球。

如果在此期间，某队犯有可被判为直接任意球的犯规且累计犯规已达5次，或有可被判为球点球的犯规，下列情况意为半场结束：

- 球没有被直接踢向球门。
- 球直接进门并得分。
- 球出界。
- 球击中一个或两个门柱、横梁、守方守门员或球员后进门得分。
- 球击中一个或两个门柱、横梁、守方守门员或球员后没有进门。
- 没有出现可被判为直接任意球、间接任意球或球点球的犯规。

如果在此期间，某队有可被判为直接任意球的犯规，但累计犯规次数未达到6次，下列情况意为半场结束：

- 球没有被直接踢向球门。
- 球直接进门并得分。
- 球出界。
- 球击中一个或两个门柱、横梁、守方守门员或球员后进门得分。
- 球击中一个或两个门柱、横梁、守方守门员或球员后没有进门。
- 球被攻方球员触及。
- 没有出现可被判为直接任意球、间接任意球或球点球的犯规。

如果在此期间，某队有可被判为间接任意球的犯规，下列情况意为半场结束：

- 球在运动中未触及其他球员直接进入球门，击中一个、两个门柱或横梁。
- 球出界。
- 球在触及守门员或非罚球方的其他球员后击中一个、两个门柱或横梁并得分。
- 球在触及守门员或非罚球方的其他球员后击中一个、两个门柱或横梁，但未得分。
- 没有出现可被判为直接任意球、间接任意球或球点球的犯规。

暂停双方球队在每个半场各有一次1分钟暂停的权利，应遵循下列条款

- 球队官员有权向第三裁判员，或在没有第三裁判员的情况下向计时员提交暂停申请表单，提出1分钟暂停申请。
- 在提出暂停请求的球队控球且成死球时，计时员用不同于裁判员的声音信号准予暂停。
- 暂停期间，球员可以停留在场上或场外。如果要喝水，则必须离开比赛场地。
- 暂停期间，替补球员必须在场外。
- 暂停期间，官员不允许在场内给予指导。

- 只有在暂停结束声音信号响起后进行球员替换。
- 在上半场比赛中没有请求暂停的球队，在下半场也只允许请求一次暂停。
- 如果既没有第三裁判员，也没有计时员，球队官员可请求裁判员给予暂停。
- 如果进入加时赛，则加时赛期间没有暂停。

中场休息

- 球员有中场休息的权利。
- 中场休息不得超过15分钟。
- 竞赛规程上必须注明中场休息时间。
- 只有经裁判员同意，方可改变中场休息时间。

中止的比赛

- 除竞赛规程另有规定外，比赛中止后应重新进行。

第八章　比赛开始和重新开始

以掷币的方式决定比赛开始和重新开始

- 猜中的队决定上半场比赛的进攻方向
- 另一队开球开始比赛。
- 猜中的队在下半场开球开始比赛。
- 下半场比赛，两队交换比赛场地和进攻方向。

开球

- 在比赛开始时。
- 在进球得分后。
- 在下半场比赛开始时。
- 在加时赛两个半场开始时。

- 开球直接进球得分无效。

程序

- 所有球员必须在本方半场内。
- 开球队的对方球员应距球至少3米，直至比赛开始。
- 球必须被放稳在中点上。
- 裁判员发出信号。
- 当球被踢并向前行进时，比赛开始。
- 某队进球得分后，如果该半场还没有结束，则由另一队开球。

违规与判罚

如果比赛进行中开球球员在其他球员触球前再次触球（非用手触球）：

- 由对方在犯规地点踢间接任意球。

如果比赛进行中开球球员在其他球员触球前故意用手触球：

- 由对方在犯规地点踢直接任意球，并记录该队的累计犯规。

在开球程序上的其他任何犯规：

- 重新开球且不适用有利条款。

坠球

- 如果在比赛进行中，裁判员因室内五人制竞赛规则未提到的任何原因而需要暂停比赛，则以坠球重新开始比赛；在室内五人制足球竞赛规则范围内也可以坠球的方式重新开始比赛。

程序

- 如果裁判员或第二裁判员在比赛停止时球所在的地点坠球，除非比赛在罚球区内被停止，其中一名裁判员在比赛停止时于距球最近的罚球线上坠球。
- 球在比赛场地内触地即为比赛重新开始。如果球触及地面，比赛进行后未触及任何一名球员离开场地，则在最初坠球的地点重新坠球。

违规与判罚

发生下列情况，应在最初坠球的地点重新坠球：

- 球在接触地面前被球员触及。

- 球在接触地面后未经任何球员触及而出界。
- 球在触及地面前有任何犯规发生。
- 球在接触地面后，一名球员直接将球踢向某一球门，并且球进入对方球门，则由对方发球门球，球进入本方球门，则由对方踢角球。
- 球在接触地面后，一名球员通过多次触球将球踢向某一球门，并且球进入某一球门，进球有效。

第九章　比赛进行及停止

比赛进行

其他所有时间，都视为比赛进行中，包括下列情形：

- 球从球门柱或横梁弹回场地内。
- 球从场地内的裁判员身上反弹。

比赛停止

下列情形比赛成死球：

- 当球整体从空中或地面越过球门线或边线。
- 当比赛被裁判员停止。
- 当球击打到天花板。

室内球场相关规定

- 天花板高度最低为4米，且由竞赛规程规定。
- 在室内球场比赛时，如果球意外击中天花板，则由最后触球球员的对手以踢界外球的方式重新开始比赛。此界外球应在距球触天花板垂直下方最近的边线处被踢出。

第十章　计胜方法

进球得分

- 当球整体从球门柱间及横梁下越过球门线，而此前进球的球队未违反室内五人制竞赛规则，即为进球得分。
- 如果攻方守门员故意用手或前臂在本方罚球区内将球掷或打入对方球门，并且他是最后触及或击球的球员，则进球无效，比赛将由对方球队掷球门球重新开始比赛。
- 如果在进球后，裁判员在比赛重新开始前意识到进球球队多出1人或已经进行了不正确的换人，则应宣布进球无效，并由对方球队从罚球区内的任何地点以间接任意球重新开始比赛。如果已经开球，裁判员依据竞赛规则第三章采取措施处罚攻方球员，但进球有效。裁判员应向相应的主办机构报告相关事实。如果另一队进球，则进球有效。

获胜球队

- 在比赛中，进球数多的队为胜者。如果两队进球数相等或均未进球，则比赛为平局。

竞赛规程

当一场比赛或主、客场两回合比赛成平局，而竞赛规程要求决出胜者时，仅允许以下列程序决定胜队：

- 客场进球规则。
- 加时赛。
- 踢球点球。

第十一章　越位

- 室内五人制足球不会出现越位。

第十二章　犯规与不正当行为

犯规

- 犯规将被判罚直接任意球、罚球点球或间接任意球。

  如果球员草率、鲁莽或以使用过分的力量的方式做出下列犯规中的任何一种，将判给对方踢直接任意球：
- 踢或企图踢对方球员。
- 绊摔对方球员。
- 跳向对方球员。
- 冲撞对方球员。
- 打或企图打对方球员。
- 推对方球员。
- 抢截对方球员。
- 阻止对方球员移动。
- 向对方球员吐唾沫。
- 故意用手触球（守门员在本方罚球区内除外）。
- 在犯规发生地点踢直接任意球。

  上述犯规都属于累计犯规之列。

  在比赛进行中，无论球在什么位置，如果球员在本方罚球区内违反了上述犯规中的任何一种，应被判罚球点球。

如果守门员有下列4种犯规行为中的任何一种，判由对方踢间接任意球：

- 在本方半场内以手或脚控制球超过4秒。
- 将球发出后，未经对方球员踢或触，或在本方半场内再次触及同队球员故意传来的球。
- 在本方罚球区内以手触及同队球员故意踢来的球。
- 在本方罚球区内以手触及同队球员直接踢来的界外球。

如果裁判员认为球员有下列犯规行为中的任何一种，也判由对方在犯规地点踢间接任意球：

- 在对方球员面前以危险方式比赛。
- 阻挡对方行进路线。
- 阻挡对方守门员将球从手中发出。
- 有竞赛规则第十二章或其他章节未提及的任何其他犯规行为，裁判员都可停止比赛，对犯规球员进行警告或将他罚出场。
- 在犯规发生地点踢间接任意球。

不正当行为

- 有不正当行为的球员将被警告或罚出场。

纪律制裁

- 黄牌用于表示对一名球员或替补球员的警告。
- 红牌用于表示将一名球员或替补球员罚出场。
- 黄牌和红牌只能出示给球员和替补球员。一旦比赛开始，相关的红、黄牌应被公开出示，并且仅限于在比赛场地上。在其他情况下，裁判员可口头告知对球员和球队官员的纪律制裁。
- 裁判员从进入比赛场地开始直至比赛结束后离开场地，均有权进行纪律处罚。
- 球员无论在比赛场地内还是场地外，无论对对方球员、同队球员、裁判员还是任何其他人有应被警告或罚令出场的行为，都将根据犯规性质进行处罚。

可警告的犯规

如果球员有下列七种犯规行为中的任何一种，将被黄牌警告：

- 非体育行为。
- 用语言或行动表示异议。
- 持续违反室内五人制竞赛规则。
- 延误比赛重新开始。
- 当以角球、任意球或踢界外球重新开始比赛时，防守球员不退到规定的距离外。
- 未经裁判员许可进入或重新进入比赛场地，或违反替换程序。
- 未经裁判员许可故意离开比赛场地。

如果替补球员有下列四种犯规行为中的任何一种，将被警告：

- 非体育行为。
- 用语言或行动表示异议。
- 延误比赛重新开始。
- 进入比赛场地时违反替换程序。

罚令出场的犯规

如果球员或替补球员有下列七种犯规行为中的任何一种，将被罚出场：

- 严重犯规。
- 出现暴力行为。
- 向对方或其他任何人吐唾沫。
- 故意用手触球破坏对方的进球或明显的进球得分机会（不包括守门员在本方罚球区内）。
- 用可判为任意球或球点球的犯规破坏对方向本方球门移动的明显的进球得分机会。
- 使用攻击性、侮辱性的语言或手势。
- 在同一场比赛中得到第二次警告。

第十三章　任意球

任意球类型

- 任意球分为直接任意球和间接任意球。

直接任意球

信号

- 裁判员单臂平举，指向发球方向，另一只手指向地面，以向第三裁判员和计时员示意累计犯规。

球进球门

- 如果直接任意球被直接踢入对方球门，判为得分。
- 如果直接任意球被直接踢入本方球门，判给对方角球。

累计犯规

- 是第十二章提到的应判罚直接任意球或罚球点球的犯规。
- 每队在每个半场的累计犯规应被记录在比赛报告中。
- 如果某队犯规尚未累计到5次，且对方也未因此失去进球或明显进球得分的机会，裁判员可以掌握有利让比赛继续进行。
- 如果裁判员掌握有利，当比赛成死球时，必须用规定的信号向计时员及第三裁判员示意累计犯规。
- 如果有加时赛，加时赛中的累计犯规应继续累计在下半场累计犯规次数上。

间接任意球

信号

- 裁判员在判罚间接任意球时，应单臂上举过头，并保持这种姿势，直至球被踢出后被其他球员触及或成死球。

球进球门

- 只有球在进门前触及另一名球员，才算得分有效。
- 如果间接任意球被直接踢入对方球门，判给对方掷球门球。

- 如果间接任意球被直接踢入本方球门，判给对方踢角球。

程序

- 无论是直接任意球还是间接任意球，踢球时必须将球放稳。
- 任意球必须被直接射门而不能被传给同队球员。
- 任意球被踢出后，只有球被守方守门员触及，从球门柱、横梁弹回或出界后，其他球员才可触球。
- 如果球员有本方的第六次累计犯规行为，而犯规地点在对方半场或本方半场通过第二罚球点的假想平行线和中线之间的区域，该任意球应在犯规方半场的第二罚球点被踢出，第二罚球点的位置在第一章中已有说明。罚任意球须遵循本章“任意球的位置”小节的要求。
- 如果球员有本方的第六次累计犯规行为，而犯规地点在犯规方半场球门线和通过10米点的假想平行线之间、罚球区之外的区域，对方可选择在犯规地点或第二罚球点踢任意球。
- 在每半场比赛或加时赛上、下半场结束时，应允许延长时间执行完自第六次累计犯规起的直接任意球。

任意球的位置

罚球区外的任意球

- 所有对方球员必须距球至少5米，直至比赛开始。
- 球被踢出并移动时，即为比赛进行。
- 在犯规发生地点、犯规发生时球所在地点（根据犯规情况）或第二罚球点踢任意球。

在守方罚球区内的直接或间接任意球

- 所有对方球员必须距球至少5米，直至比赛开始。
- 所有对方球员必须位于罚球区外，直至比赛开始。
- 球被直接踢出罚球区时，即为比赛进行。
- 在罚球区内获得的任意球可以在罚球区内任何地点执行。

每半场第六次累计犯规起的直接任意球

- 守方不可排人墙防守。

- 须明确主罚球员。
- 守方守门员须留在罚球区内，且距球至少5米。
- 球员须留在场地内；如果主罚球员愿意，也可以留在场地内。
- 除主罚球员和守方守门员外，其他球员应在与球相齐且平行于球门线的一条假想线后、罚球区外，并且距球至少5米，不可阻挡主罚球员。
- 除主罚球员外，其他球员直至比赛进行方可越过假想线。

进攻队间接任意球

- 所有对方球员必须距球至少5米，直至比赛开始。
- 球被踢并移动时，即为比赛开始。
- 在罚球区内的间接任意球应从距犯规发生地点最近的罚球区线上被踢出。

违规与判罚

球在比赛过程中破裂或被损坏，停止比赛时：

- 任意球应被重踢，犯规球员应被警告，除非裁判员掌握有利或者有其他可判为罚球点球的犯规发生。如果该犯规可被判为任意球，则由裁判员决定是判罚该犯规还是判罚原来的犯规。如果该犯规可被判为罚球点球或直接任意球，防守方应累计1次犯规。

防守方从本方罚球区内踢任意球，球未直接踢出罚球区时：

- 重踢任意球。

如果某队踢任意球超过4秒：

- 裁判员判给对方踢间接任意球，并在原地点执行。

从第六次累计犯规开始，如果球员罚球时没有射门得分的意图：

- 裁判员判给对方踢间接任意球，并在原地点执行。

从第六次累计犯规开始，如果由事先确定的主罚球员的队友来踢任意球：

- 裁判员停止比赛，警告其非体育行为，由防守方在他踢球的地点踢间接任意球重新开始比赛。

由守门员之外的球员踢任意球

如果比赛进行后，主罚球员在其他球员触球前再次触球（用手除外）：

- 判由对方在犯规发生地点踢间接任意球。

如果比赛进行后，主罚球员在其他球员触球前故意用手触球：

- 判由对方在犯规发生地点踢直接任意球，并记录该队1次累计犯规。
- 如果犯规发生地点在踢球球员本方罚球区内，将判罚球点球，并记录该队1次累计犯规。

守门员罚任意球

如果比赛进行后，守门员先于其他球员再次触球（用手除外）：

- 判由对方在犯规发生地点踢间接任意球。

如果比赛进行后，守门员在其他球员触球前故意用手触球：

- 守门员在本方罚球区外，判由对方在犯规发生地点踢直接任意球，并记录该队1次累计犯规。
- 守门员在本方罚球区内，判由对方在犯规发生地点踢间接任意球。

从第六次累计犯规开始，如果在裁判员鸣哨给出罚直接任意球的信号后，球未被踢出之前，一名攻方球员违反室内五人制足球竞赛规则，除主罚球员用时超过4秒之外：

- 裁判员允许球被踢出。
- 球进入球门，则判重踢任意球。
- 球未进入球门，裁判员停止比赛并判由守方球队在犯规发生地点踢间接任意球重新开始比赛。

一名守方球员违反室内五人制足球竞赛规则

- 裁判员允许球被踢出。
- 球进入球门，则判进球有效。
- 球未进入球门，则判重踢任意球。

一名或多名守方球员，以及一名或多名攻方球员违反室内五人制足球竞赛规则

- 判重踢任意球。

从第六次累计犯规开始，如果直接任意球已经被踢出，主罚球员没有意图将球向前踢出射门得分：

- 裁判员暂停比赛，判由对方在犯规发生地点踢间接任意球重新开始比赛。

主罚球员在其他球员触球前再次触球（用手除外）：

- 判由对方在犯规发生地点踢间接任意球。

一名非主罚球员在球触及守方守门员、从任一球门柱或横梁反弹，或在离开比赛场地前触球（用手除外）：

- 判由对方在犯规发生地点踢间接任意球。

一名球员故意用手触球

- 判由对方在犯规发生地点踢直接任意球，并记录该队1次累计犯规。
- 如果犯规发生地点在守方球员本方罚球区内，除守方守门员，将判罚球点球，并记录该队1次累计犯规。

球向前移动时被场外因素触及

- 判重踢任意球。

球从守门员、球门柱、横梁反弹回场地内并被场外因素触及：

- 裁判员暂停比赛。
- 在球触及场外因素的地点坠球重新开始比赛。如果球在罚球区内触及场外因素，则由其中一名裁判员在距球停止时所处位置最近的罚球区线上坠球，重新开始比赛。

如果比赛开始后，球在未触及球门柱、横梁或其他球员之前出现破损：

- 判重踢任意球。

第十四章　罚球点球

- 在比赛进行中，一球队在本方罚球区内有可被判罚直接任意球的10种犯规行为的任何一种，都应被判罚球点球。
- 罚球点球直接进球得分有效。
- 在每半场比赛或加时赛上、下半场结束时，应允许延长时间执行完罚球点球。

球和球员的位置

- 球必须被放在罚球点上。
- 必须明确主罚球员。
- 防守方守门员必须位于本方两球门柱之间的球门线上，面向主罚球员，直至球被踢出。

主罚球员之外的其他球员应处于：

- 比赛场地内。
- 罚球区外。
- 罚球点后。
- 距罚球点至少5米。

程序

- 在球员按照规则要求处于规定的位置后，其中的一名裁判员发出执行罚球点球的信号。
- 主罚球员必须将球向前踢出。
- 当球被踢并向前移动时，即为比赛进行。

在比赛进行中，以及上半场、全场或加时赛结束而延长时间执行或重新执行罚球点球时，如果球在越过球门柱之间和横梁下的球门线之前遇到下列情况，应判定得分：

- 球触及一个或两个球门柱、横梁、守门员。
- 裁判员决定罚球点球何时完成。

违规与判罚

如果主罚球员没有将球向前踢出：

- 裁判员停止比赛，由守方在罚球点踢间接任意球重新开始比赛。

如果在踢罚球点球过程中，球被先前确认为主罚球员的队友踢出：

- 裁判员停止比赛，警告其非体育行为，由守方在罚球点踢间接任意球重新开始比赛。

如果裁判员发出执行罚球点球信号后、比赛前发生下列情况，则主罚球员的同队球员违反了室内五人制足球竞赛规则：

- 裁判员允许踢出该球点球。
- 球进入球门，应重踢。
- 球未进入球门，裁判员应停止比赛，由守方在违规地点踢间接任意球重新开始比赛。

一名守方球员违反室内五人制足球竞赛规则

- 裁判员允许球被踢出。
- 球进入球门，进球有效。
- 球未进入球门，应重踢。

一名或多名守方球员，以及一名或多名攻方球员违反室内五人制足球竞赛规则

- 判重踢罚球点球。

如果罚球点球踢出后，主罚球员在其他球员触球前再次触球（用手除外）：

- 由对方在犯规发生地点踢间接任意球。

如果主罚球员在其他球员触球前故意用手触球：

- 由对方在犯规发生地点踢直接任意球，并记录该队1次累计犯规。

如果球向前移动后被场外因素触及：

- 应重踢。

如果球从守门员身上、横梁或球门柱上弹回比赛场地内，接着被场外因素触及：

- 裁判员暂停比赛。
- 在球触及场外因素的地点坠球重新开始比赛。如果球在罚球区内触及场外因素，则由其中一名裁判员在距球停止时所处位置最近的罚球区线上坠球，重新开始比赛。

如果比赛开始后，球在未触及球门柱、横梁或其他球员之前出现破损：

- 判重踢罚球点球。

第十五章　踢界外球

- 踢界外球是重新开始比赛的一种方法。当球整体从地面或空中越过边线或击中天花板时，判由最后触球球员的对方踢界外球。
- 踢界外球直接进球得分无效。
- 对方球员必须在场上，距界外球发球地点所处边线至少5米。

程序

在踢出界外球的一瞬间，踢球球员：

- 一只脚站在边线或边线外。
- 将球放稳，在球出界的地点或从这一点向外不超过25厘米处踢界外球。
- 准备好后，须在4秒内将球踢出。
- 球进入场地即为比赛开始。

违规和判罚

如果踢界外球时对方球员与踢球地点之间的距离小于规定的距离：

- 由同一队重新踢界外球，并警告违规球员，除非此时适用有利条款或踢界外球的对方有可被判罚直接任意球或罚球点球的犯规行为。

如果对方球员不正当地阻碍发球或分散踢界外球球员的注意力：

- 将因非体育行为被警告。

对于其他任何违反踢界外球程序的行为：

- 由对方踢界外球。

如果比赛进行后，踢界外球的球员在其他球员触球前再次触球（用手除外）：

- 由对方在犯规发生地点踢间接任意球。

如果比赛开始后，踢界外球的球员在其他球员触球前故意用手触球：

- 由对方在犯规发生地点踢直接任意球，并记录该队1次累计犯规。
- 犯规发生地点在踢界外球的球员本方罚球区内，则判罚球点球，并记录该队1次累计犯规。

如果比赛开始后，守门员在其他球员触球前再次触球（用手除外）：

- 由对方在犯规发生地点踢间接任意球。

如果比赛开始后，守门员在其他球员触球前故意用手触球：

- 犯规发生地点在守门员本方罚球区外，由对方在犯规发生地点踢直接任意球，并记录该队1次累计犯规。
- 犯规发生地点在守门员本方罚球区内，由对方在距离犯规发生地点最近的罚球区线上踢间接任意球。

第十六章　掷球门球

- 掷球门球是重新开始比赛的一种方法。
- 当球整体从地面或空中越过球门线，而最后触球者为攻方球员，且根据规则第十章不是进球得分时，应判为掷球门球。
- 掷球门球直接进球得分无效。

- 对方球员必须在掷球门球球队罚球区外，直至比赛进行。

程序

- 由守方守门员在罚球区内任何一点用手抛球。
- 准备好后，守方守门员应在4秒内将球发出。
- 球被守方守门员直接抛出罚球区，即为比赛进行。

违规与判罚

- 如果球未被直接抛出罚球区进入比赛场地，可重掷。一旦守门员准备好再次掷球门球，4秒计时应继续进行。
- 如果比赛开始后，守门员在其他球员触球前再次触球（用手除外），由对方在犯规发生地点踢间接任意球。

  如果比赛开始后，守门员在其他球员触球前故意用手触球：
- 犯规发生地点在守门员本方罚球区外，由对方在犯规发生地点踢直接任意球，并记录该队1次累计犯规。
- 犯规发生地点在守门员本方罚球区内，由对方在犯规发生地点踢间接任意球。
- 比赛进行后，在对方球员传或触球前，守门员在本方半场再次触及同队球员故意传给他的球，由对方在犯规发生地点踢间接任意球。
- 没有在4秒内掷出球门球，由对方在距离犯规发生地点最近的罚球区线上踢间接任意球。

  如果在掷球门球时，进攻球员处于罚球区内：
- 攻方一名球员触球或者阻碍守门员掷球门球，应重掷球门球。对于其他任何违反此规则的行为，判重掷球门球。如果掷球门球一方违规，在守门员准备好再次掷球门球时，4秒计时继续进行。

第十七章　角球

- 角球是重新开始比赛的一种方法。
- 当球整体从地面或空中越过球门线，而最后触球者为守方球员，且根据规则第十章不是进球得分时，应判为角球。
- 角球直接进入对方球门，得分有效。

球和球员的位置

- 球必须在距离球越过球门线最近的一侧的角球弧内。
- 对方球员必须在比赛场地内距角球弧至少5米，直至比赛开始。

程序

- 必须由攻方球员踢球。
- 踢角球一方必须在准备好后4秒内将球踢出。
- 球被踢并移动时即为比赛进行。

违规与判罚

- 在踢角球时，对方球员没有保持规定的距离，由同一队重新踢角球，并警告犯规球员，除非此时适用有利条款或守方球员有可被判为直接任意球或罚球点球的犯规行为。
- 在踢角球时，对方不正当地阻碍发球或分散主罚球员的注意力，将因非体育行为被警告。
- 角球没有在4秒内被踢出，判由对方掷球门球。
- 对于其他任何违反程序或其位置的行为，判重踢角球。如果踢角球方违规，在主罚球员准备好重新踢角球时，4秒计时继续进行。

除守门员外的场上球员踢角球

- 比赛进行后，踢球球员在其他球员触球前再次触球（用手除外），由对方在犯规发生地点踢间接任意球。
- 比赛进行后，踢球球员在其他球员触球前故意用手触球，由对方在犯规发生地点踢直接任意球，并记录该队1次累计犯规。

- 犯规发生地点在踢球球员本方罚球区内，则判罚球点球，并记录该队1次累计犯规。

守门员踢角球

- 比赛进行后，守门员在其他球员触球前再次触球（用手除外），由对方在犯规发生地点踢间接任意球。

  如果比赛进行后，守门员在其他球员触球前故意用手触球：

- 犯规发生地点在守门员本方罚球区外，由对方在犯规发生地点踢直接任意球，并记录该队1次累计犯规。
- 犯规发生地点在守门员本方罚球区内，由对方在犯规发生地点踢间接任意球。
- 决定一场或主、客场比赛胜负的程序：客场进球规则、加时赛和踢球点球决胜根据竞赛规程的要求，当一场比赛或主、客场比赛均打平后需要决出胜队时采用第三种被批准的决胜方法。加时赛和踢球点球决胜不是比赛的一部分。
- 客场进球规则：竞赛规程规定比赛采用主、客场制。如果第二场比赛后两队总比分相同，则任何在客场的进球都将被加倍计算。
- 加时赛：竞赛规程可以规定再进行两个半场时间相等的比赛，每个半场时间不得超过5分钟。
- 踢球点球决胜。

程序

- 裁判员选定用于踢球点球的球门。
- 裁判员组织掷币，掷币获胜的球队队长决定本队是否先踢球点球。
- 裁判员、第二裁判员、第三裁判员和计时员负责记录罚球点球执行情况。

  出现下列情况时，两队应各踢5次：

- 双方轮流踢球点球。
- 两队在踢满5次前，一队的进球数已多于另一队踢满5次时可能的进球数，则不需再踢。
- 两队均已踢满5次，双方进球数相同或均未进球，则按相同顺序轮流踢球点球，直至双方踢球次数相同，而一队较另一队多进一球时为止。

- 所有球员和替补球员均有资格踢球点球。
- 在踢球点球过程中，守门员可由任何球员替换。
- 每次应由不同的球员踢球点球，直至双方符合资格的球员均踢过一次后，方可踢第二次。
- 在踢球点球过程中，符合资格的球员可以与守门员互换位置，只要事先通知裁判员且其装备符合规定。
- 在踢球点球过程中，只允许符合资格的球员（包括守门员），以及裁判员、第三裁判员留在比赛场地内。
- 除踢球点球球员和两个守门员外，其他所有符合资格的球员必须与第三裁判员一起位于比赛场地的另一个半场。
- 踢球点球的球员一方的守门员须位于替补区域对面、与罚球点平齐并且距球至少5米的比赛场地上。
- 除非另有所述，室内五人制竞赛规则及国际足联裁判部的裁判员指南在踢球点球决胜的过程中均适用。
- 如果在比赛或加时赛结束、踢球点球决胜之前，某队的球员（包括替补球员）人数多于另一队，该队必须减去多出的人数，以与对方人数一致，该队的队长应通知裁判员被排除球员的名字和号码。
- 如果一球队必须减少球员人数，以与对方球队人数相同，则守门员可以像符合规定的球员一样被排除在踢球点球球员之外。
- 如果一名守门员被排除在踢球点球球员之外，以与对方球队人数相同，他可以留在技术区域内，随时替换本队守门员。
- 在开始踢球点球决胜之前，裁判员必须确保两队符合踢球点球资格的球员人数相等，且位于另一个半场内。

点球决胜站位及替补席区域

- 技术区域的范围指从替补席两侧向外1米及向前延伸至距边线75厘米的区域。

- 建议用标记线标明该区域。
- 技术区域内的人数由竞赛规程决定。
- 根据竞赛规程，在比赛前确认替补席内的具体人员。
- 每次只允许一名球队官员在技术区域内站着传达技术性指导。
- 教练员和其他官员必须在替补席指定位置，除非在发生特殊情况（如场上球员受伤）时，裁判员允许理疗师或医生进场察看伤情。
- 教练员或其他在技术区域内的人员要对自己的行为负责，避免任何阻碍球员和裁判员移动的行为。
- 比赛期间替补球员和体能教练可以在预设区域内热身，只要他们对自己的行为负责，并且不阻碍球员和裁判员的移动。

替补助理裁判员

- 根据竞赛规程任命，如果任何裁判员不能继续执裁比赛，由计时员替代，他在任何时候都应协助裁判员。
- 根据裁判员的要求，在赛前、赛中或赛后协助承担管理性的职责。
- 比赛后，必须向相关主办机构就任何不正当行为或裁判员视线外发生的事件提交报告，必须为裁判员提交的任何报告提供建议。
- 记录赛前、赛中和赛后发生的所有意外事件。
- 携带一个备用的手工计时器，在各类事故发生时作为备用。
- 处于显著的位置，但不是助理裁判员旁边。

特别提示：

本规则是便于小场地足球运动在校园及社区内推广进行删减后的简要版本，仅供组织者和参与者参考使用；建议在高规格比赛中使用国际足联的官方规则。